JN155166

はじめに

神代の頃
最高神であり
太陽の神である
アマテラスオオミカミは
弟のスサノオノミコトの
蛮行に恐れをなし
天《あめ》の岩屋《いわや》に隠れてしまう

世界は暗闇に包まれ
あらゆる災害が
一斉に起こった

アマテラスが天の岩屋から出てきてくれるよう
神がかりして踊ったのがアメノウズメである

八百万《やおよろず》の神たちも喜び
それはそれはおおいに盛り上がったらしい

※例祭…神社にとってもっとも重要な祭祀（さいし）。「例大祭」とも。
※祈年祭（きねんさい）…2月17日開催。農業をはじめ諸産業の発展を祈願する。
※新嘗祭（にいなめさい）…11月23日開催。神様に感謝し国家の平和と繁栄を祈願する。

「祭り」といえば
にぎやかなイベントの
代名詞に！
文化祭
映画祭
感謝祭
音楽祭
芸術祭
体育祭
ワク ワク
日常を忘れて楽しめる場!!
ワク ワク
トメも高校の文化祭では人一倍張り切っていました
お祭り大好き!!
元文化祭実行委員会ポスターパンフレット部部長
だから一生に１度は行ってみたい「祭り」がある
例えば———
私の地元で「祭り」といえば阿波おどり！
ふくもの隊副隊長エビスゆう徳島県出身
期間中は街のあちこちでオトナもコドモも踊ってて
エネルギーが満ちあふれてるよ
祭
いいなー
地元にお祭りがあって

トメが育った
新興住宅地には
神社も
地域に根ざした
祭りも
ありませんでした

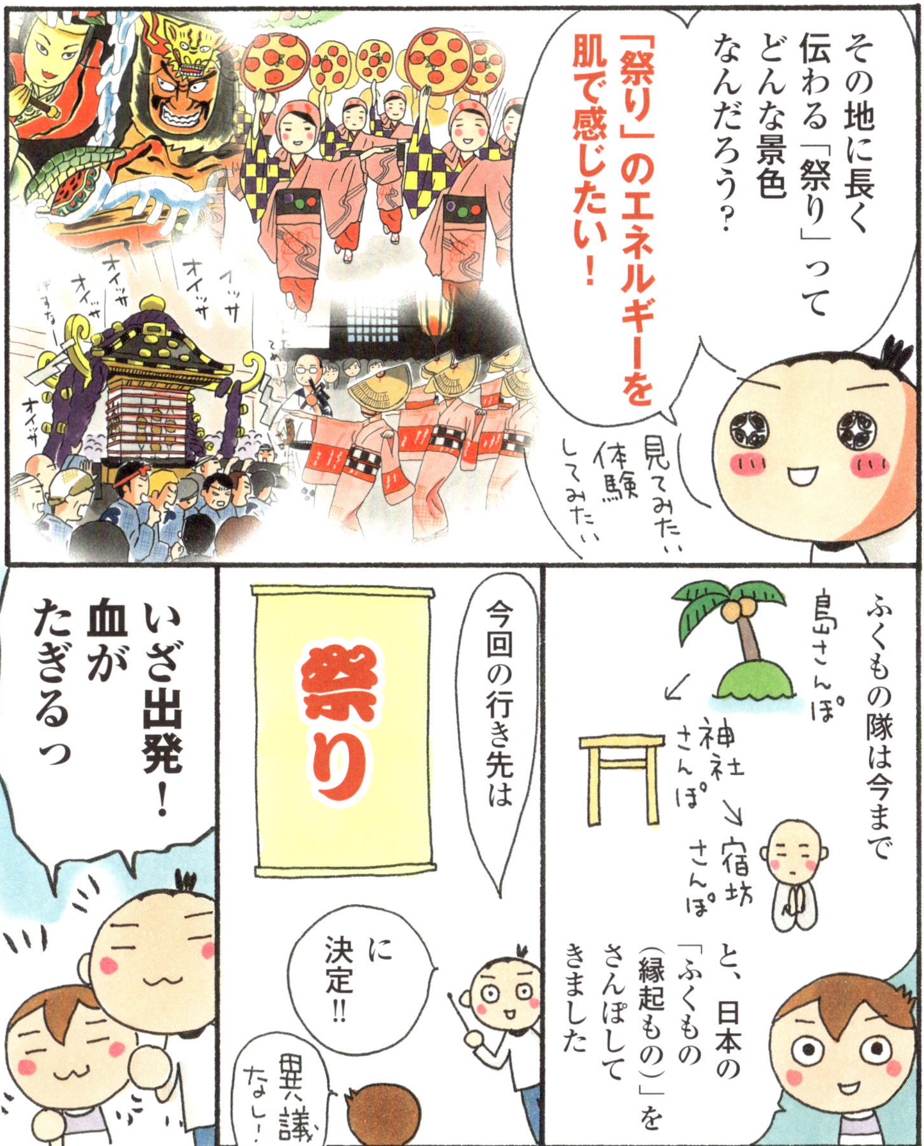

その地に長く伝わる「祭り」ってどんな景色なんだろう？
「祭り」のエネルギーを肌で感じたい！
見てみたい 体験してみたい
ふくもの隊は今まで
島さんぽ
神社さんぽ
宿坊さんぽ
と、日本の「ふくもの（縁起もの）」をさんぽしてきました
今回の行き先は
祭り
に決定!!
異議なし！
いざ出発！
血がたぎるっ

【富山】
おわら風の盆
（P130）

【青森】
青森
ねぶた祭《まつり》
（P22）

【山形】
山形花笠まつり
（P44）

【東京】
三社《さんじゃ》祭《まつり》
（P88）

祭りさんぽMAP

ふくもの隊が訪れた祭りは全部で９つ。
神様の乗り物である山車《だし》の美と迫力を堪能し、
お神輿を威勢よく担ぎ、一糸乱れぬ群舞に酔いしれ、
さらには踊り子としても参加！
バラエティ豊かな日本の祭りを
ワイワイ「さんぽ」してきました！

【山口】
裸坊祭《はだかぼうまつり》
(P120)

【徳島】
阿波おどり
(P66)

【広島】
管絃祭《かんげんさい》
(P110)

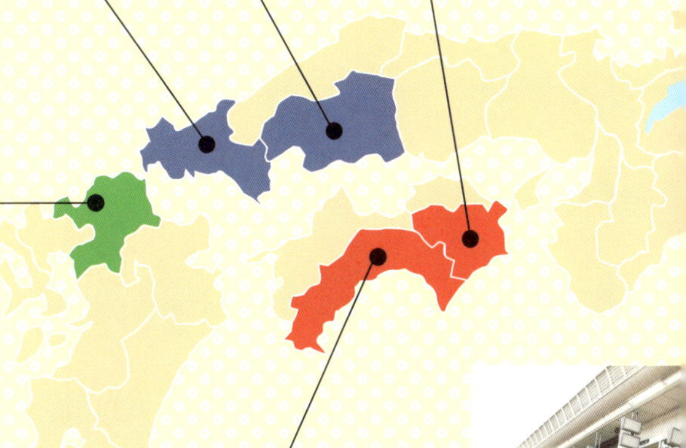

【福岡】
博多《はかた》祇園《ぎおん》山笠《やまかさ》
(P12)

【高知】
よさこい祭り
(P54)

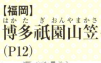

祭りさんぽ目次

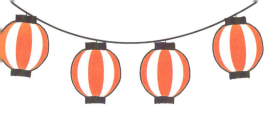

第3章

「神輿を担ぐ」祭りさんぽ

第4章

ふくもの隊「行ってみたかった！」祭りさんぽ

第1章 「山車でにぎわう」祭りさんぽ

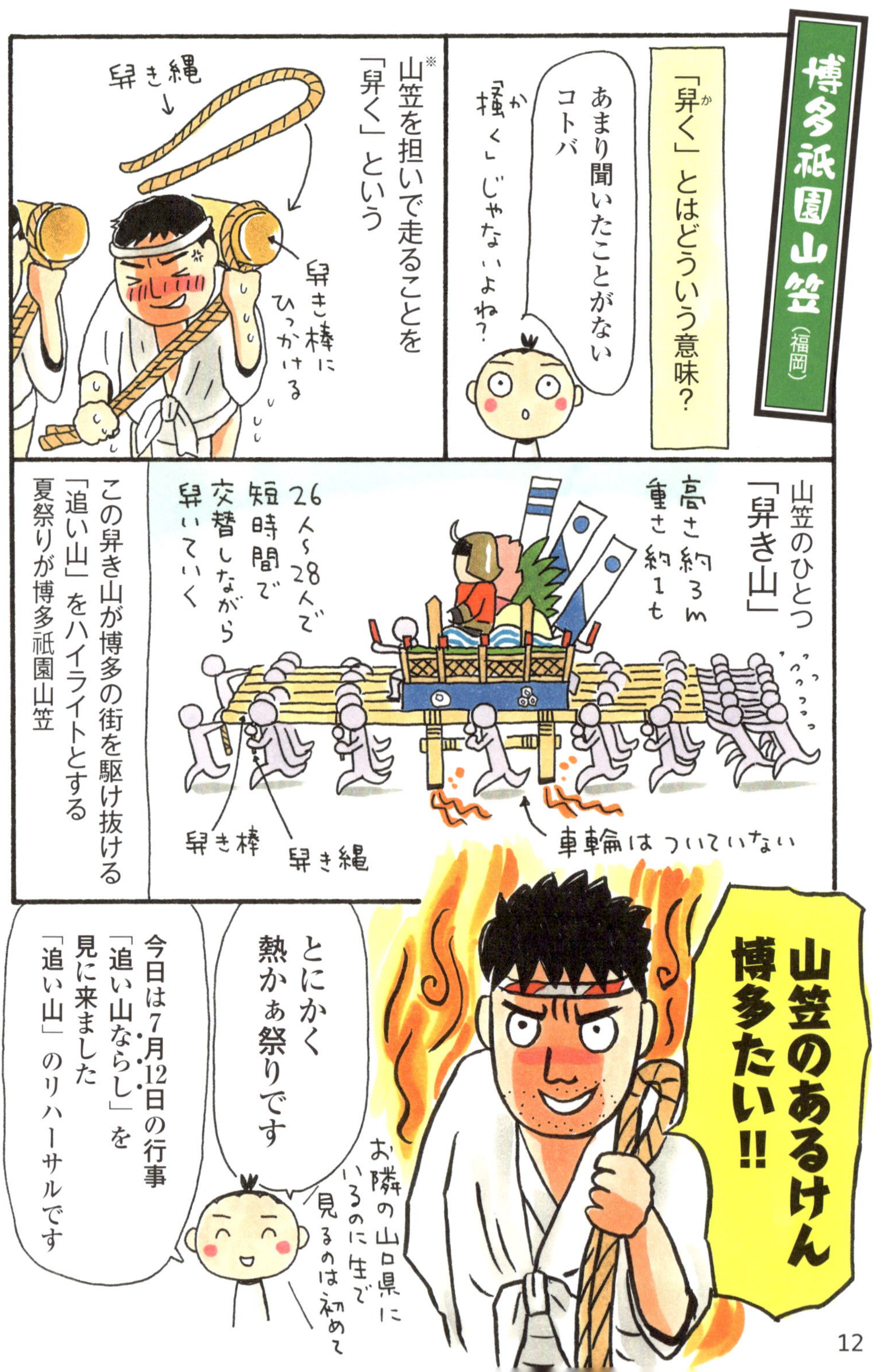

※山笠…神社の祭礼で用いられるお神輿、もしくは山車（だし）状の祭具。九州北部で多く見られる。

山笠行事は博多の総鎮守
櫛田《くしだ》神社の奉納神事です
7月1日から始まり
クライマックスは
15日の「追い山」

7月1日 注連（しめ）下ろし
飾り山 公開
・・・
7月12日 追い山ならし
・・・
7月15日 追い山

山笠は1番から7番までが
舁き山
「流《ながれ》」と呼ばれる
集団ごとに持ち回り※で舁く

1番山笠 東流
2 〃 中洲流
3 〃 西流
4 〃 千代流
5 〃 恵比須流
6 〃 土居流
7 〃 大黒流
8番山笠 上川端通

これだけ「飾り山」

追い山・追い山ならしコース
追い山ならし 約4km
追い山 約5km
大太鼓の合図とともに 1番山笠から順に「櫛田入り※」 廻り止め（ゴール）を目指して懸命に舁く
タイムレースではないけれど所要時間を計測
追い山ならし 廻り止め（ゴール）
追い山 廻り止め（ゴール）
ポイント③ 狭い道を直角に曲がる
地下鉄呉服町駅
地下鉄中洲川端駅
山留（スタート）
櫛田神社
ポイント① 櫛田入り
東長寺
ポイント② 下り坂なのでスピードが出る
迫力ある舁き山を見たいのでコースの途中ポイント①〜③で見ることにします

「追い山」は15日の午前4時59分にスタート
とにかくすごいん!!
「追い山ならし」は12日の午後3時59分にスタート 事前にコースの下見をする
太鼓の音がし始めました
トントン トントン
!!

※持ち回り…紹介した1番から7番山笠を舁く流の順序は2016（平成28）年のもの。
※櫛田入り…櫛田神社境内に山笠を舁き入れる奉納神事。

舁き手たちがそれぞれの「流」の集会所に集まりだす
水法被
締め込み
彼らの格好は「水法被《みずはっぴ》」に「締め込み」姿
女性は参加できません
おおっ
目のやり場に困るっ
ポイント① 櫛田神社前
1番山笠・東流《ひがしながれ》の櫛田入りを見届ける
たくさんの人、人、人
1番山笠
遠くからつま先立ちで見る~

ポイント②にショートカットで移動!!
いそげっ
先回りっ
舁き山が通るコースには大きなバケツが用意されている
勢水《きおいみず》
or
清水《きよいみず》
舁き山にガンガンかける
ポリバケツ
熱くなった舁き手を冷やし舁き山と道路の摩擦を少なくすることで動きをスムーズにする
ポイント② 上東町の四ツ角
なだらかな下り坂で舁き山のスピードが出るところ
すでに観客がたくさん
先を行く舁き手がパラパラと下り坂を走ってくる
トントトン
トントトン
舁き手の数がどんどん増えてくる
トン
トントン
トントン
オイッサ
オイッサ
オイッサ
すでにみんなズブ濡れ
あっ

来たーー!!
1番山笠・東流《ひがしながれ》
オイッサー
オイッサー
オイッサー
オイッサー
オイッサー
オイッサー
オイッサー
オイッサー
オイッサー
オイッサー
オイッサー
オイッサー
オイッサー
はやっ
大迫力
オイッサー
オイッサー
オイッサ
オイッサー
バシャッ
あまりに舁き手が
間近を通るのでもらい水

3番山笠まで見送ったところで
ポイント③にショートカットで
移動！
ポイント③
旧西町筋の狭い四ツ角
狭い道を直角に曲がる難所
みんな上階の窓から見ている
ここはオフィスビルも多い
また観客が巻き込まれないように多くの警官が交通整理
先発のコドモたちが走ってくる
オイッサ
オイッサ
オイッサ
足元に水をかける
そこへ小さなバケツを持った舁き手が
バッシャ
まるで気合いを入れるかのように

4番山笠・千代《ちよ》流《ながれ》
オイッサ
オイッサ
オイッサ
ギリギリの所にいる
オイッサ
オイッサ
オイッサ
オイッサ
オイッサ
グーオッ!
そのままスピードを落とさずコーナーを直角に曲がる
技だ…
パチパチ
ワー
パチパチパチ
パチパチ
ワー
パチパチパチ
パチパチ
ワー
パチパチパチ
沿道からも大拍手!

※清道旗（せいどうばた）…「追い山」や「追い山ならし」において、舁き山が180度旋回する際に目印となる旗。

おまけの

祭りさんぽ

博多祇園山笠

飾り山～！

↑櫛田さん

お祭り期間中キュウリは食べちゃあいけません

櫛田神社の神紋に切り口が似てるから

尻・尻・尻

あっという間に駆け抜ける

オイッサ

地元で見つけた
ふくもの

この時期のみ

祇園饅頭（鈴懸）

甘さひかえ目
口の中でとろける～

でかーい!!

ドライアイスも出たりする

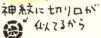

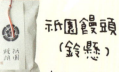

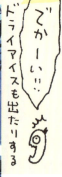

博多祇園山笠を10倍楽しむふくな情報

DATA

●開催日
7月1日～15日

●開催地
福岡県福岡市

●神社
櫛田神社

●ご利益・祈願
無病息災・災厄除去

博多祇園山笠って？

「山のぼせ」な男たちと山笠が疾走する夏祭り

「のぼせもん」は博多弁で「何かに熱中している人」を意味し、とくに博多祇園山笠に熱中する人のことは「山のぼせ」と呼ぶそうです。

山のぼせたちが熱狂する博多祇園山笠は、博多を守護する櫛田神社の奉納神事。参加者は男性に限られた「女人禁制」のお祭りで、7月1日～15日にかけて開催されます。櫛田神社に祀《まつ》られているスサノオノミコトが八坂神社（京都府）の分霊であることから、博多祇園山笠のルーツは八坂神社の祇園祭（P42）にあるともいわれています。どちらも災厄や疫病を祓《はら》う夏祭りです。

博多祇園山笠の主役は、神様の乗り物である「山笠」と呼ばれる山車。櫛田神社周辺に奉安される「飾り山」14基と、街中を疾走する「舁き山」7基は毎年新調され、博多人形師の手によって絢爛豪華な装飾が施されます。

舁き山がお目見えするのは7月10日の「流舁き」から。櫛田神社近くの浜で身を清めた男衆が、各町内を舁き回ります。11日の「朝山」、12日の「追い山ならし」、13日の「集団山見せ」と神事は続き、15日の「追い山」で祭りは最高潮に。神様と山のぼせの熱い魂を乗せた7基の舁き山が市内約5㎞を次々と駆け抜け、「廻り止め」を目指します。

ふくもの隊の 祭りのポイント

その1 舁き山を見逃さないために事前チェックはマスト！

櫛田神社境内のさじき席は、入手困難な人気席。疾走する舁き山の迫力を楽しむならば、街中でも十分です。追い山ならし、追い山ともに、短時間ですべての舁き山が駆け抜けるため、事前にコースの確認、下見をしておきましょう。舁き山を見終わったあとは、飾り山を見て回ればまた違った趣が楽しめます。

その2 水濡れ対策は万全に！

予期せず「勢水」がかかることもあります。その臨場感こそが醍醐味なのですが、やはりカメラやスマホなどはビニールに入れる、防水カバーをつけるなど対策を。履物は歩きやすく、水に濡れても平気なサンダルや長靴がオススメです。

その3 帽子や水分補給で熱中症にも対策を！

7月上旬の福岡は、最高気温が25℃を超える日も。熱中症対策も忘れずに。

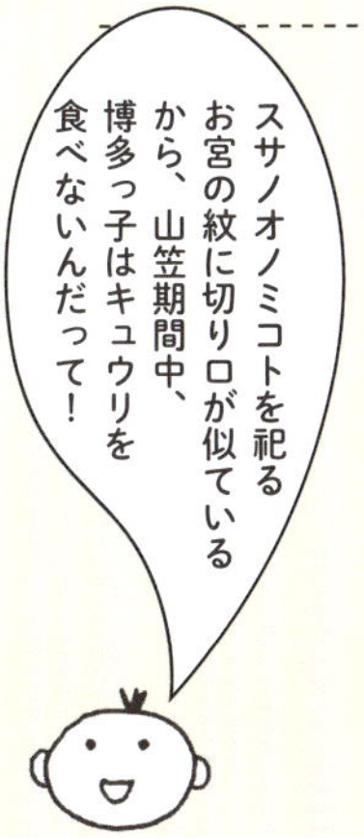
スサノオノミコトを祀るお宮の紋に切り口が似ているから、山笠期間中、博多っ子はキュウリを食べないんだって！

青森ねぶた祭
(青森)
コドモの頃
ニュースで見た
青森「ねぶた祭」
今年も青森でねぶた祭が始まりました
強烈な光のかたまり
夜空に浮かぶ
勇ましいような
こわいような顔
どんなお祭りなんだろう?
いつかは見たいと思っていました
歌舞伎のくまどりみたい
もぐもぐ
それから数十年後
弘前《ひろさき》駅
これが本物のねぶたっ

すごいっ
大国主命だ!!
かっこいい!!
パシャ
パシャ
パシャ
おーい
ねぶた祭でもっと大きいのたくさん見られるから先に行こう
それはだいぶ小さいよ
今日の案内人
福井純さん
デザイナー　青森県弘前市出身
現在　東京にお住まい
弘前市から青森市内へ移動
青森の街はねぶた一色
金魚ねぶた
うちわ
ねぶたグッズ
昼間なのに浴衣の人多い～
キョロ
キョロ
まずはお昼ごはん～
この市場の「のっけ丼」は海の幸をおしみなく堪能できるよ
古川市場
青森魚菜センター
魚
並んでる
「のっけ丼」とは
最初に食券を購入
1080円と
540円がある
次に「どんぶりご飯」を購入
その上に市場のお店で好きな具（お刺身など）をチケットとひきかえでのせていく
チケット10枚つづり
1080円
540円
チケット5枚つづり
こっちを購入！
青森県産米「つがるロマン」
うまいよ～
はじめの1歩
どんぶりご飯

市場の中には青森の旬の鮮魚のお刺身から焼き魚、肉、珍味、惣菜が並ぶ
いくらしょうが漬 2枚
ズワイガニ㊎2枚
たらこ筋子㊎1枚
漬ホタテ専門店
券2枚ね
お店の人が目の前でさばいてごはんの上にのせたりしてくれる
ホタテ
うひゃー迷う…
ホタテも食べたい
ドーン
「のっけ丼」完成!!
ふくもの隊プレゼンツ
ハマチ
アワビ
イクラ
マグロ
ネギトロ
タマゴ
エビス作
北海の宝石をふんだんにのせた丼
サーモン
タマゴ
タイ
ボタンエビ
ハマチ
イカ
中トロ
トメ作
メジャーどころはおさえてみました丼
ガッガッ
何コレッ!!
うますぎっっ!!
ガッガッ

※22台…大型ねぶたの台数は年によって増減がある。
※囃子方（はやしかた）…ねぶた囃子の演奏者。笛、手振鉦（てぶりがね）、太鼓で構成される。

ねぶた祭りは青森市だけではなく
青森県内20か所以上で行われています
それぞれ形も絵もお囃子も違います
代表的なものは――

青森の立体的なねぶたに対して弘前のねぷたは平面的
表側の「鏡絵」と裏側の「見送り絵」には
別のものが描かれる

五所川原立佞武多は明治～大正時代初めに
町を歩いたといわれる巨大ねぶたを
1998（平成10）年から復活させたもの

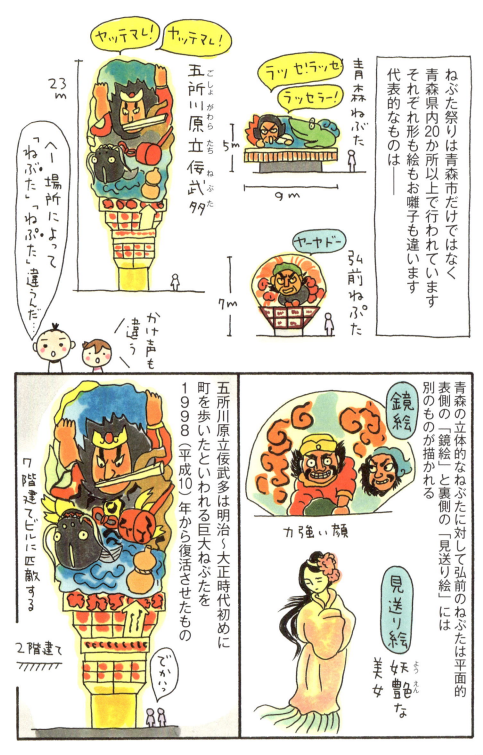

立佞武多を運行するために電線を地中に埋めたんだ！
すごいな…
ねぶた ガイド
ハネト（跳人）がいるのは青森だけ
踊って（跳ねて）祭りを盛り上げるんだ
ハネトは決められた衣装をつければ誰でも参加できます どこかのチームに所属する必要もありません
トメさんもこれからハネトの衣装を着付けに
ねぶた祭参戦!!
ぐっ
ふっ
昔はオレも跳ねてたなぁ…
リアル純ちゃん
純ちゃん まるで「昔はオレもやんちゃだったな」っていう目だ 跳ねることは武勇伝になるのかな…
ということでトメは予約している時間に貸し衣装屋さんへ
その間に善知鳥《うとう》神社にお参り～
しばらくして――…
お待たせー

これがハネト!!
トメハネト完成!!
花笠
貸し衣装屋さんで着付けてもらいました
たすき
浴衣短く着る
しごき
腰巻
草履+足袋《たび》
トメは歩きやすいスニーカー
後ろ
たすきがでかいリボン状
わー派手!!
開店祝いの花輪の飾りを全部頭に載せたみたいっ!
祝
花笠に鳥まで乗ってる巣かよっ
鈴があちこちたくさんついてる!!
ハネトの落とした鈴は縁起物なんだって
あとで拾えたらあげるねー
跳ねると音がする!
シャン
シャン
ピョン
ピョン
ピョン
何だか楽しくなってきた!!
シャン
シャン
シャン
ピョン
ピョン

花笠を看板に持っていかれる
ガゴッ
気をつけないとその笠想像以上に高さがあるよ
日が傾くとねぶたが出陣しハネトや観客がどっと増える
熱気
ねぶたは市街のコースに配置され、右まわり一方通行に進みます
観光物産館アスパム
善知鳥《うとう》神社
新町通り
橋本一丁目
青森県庁
青い森公園
奥州街道
青森市役所
運行時間は午後7時10分〜9時
運行開始前ハネトたちは自分の好きなねぶたの前に集まり始めます
何かドキドキしてきた
何で？今さら？
さんざんはしゃいでいたのに
あっちのねぶたは例年大人気だよ
行ってみよう
午後7時10分花火が上がる
ドーン!!

ねぶたに一斉にあかりが灯る!!
あっ
光が入るとねぶたの印象がすごく変わる!!

ぱ
ドドドドーン!!
ドドーン
ピーヒャラ
ピーヒャラ
ドドーン
ねぶた運行開始!!
シャン
シャン
シャン

ハネトたちも
ねぶたの前を行く
ゾロゾロ
跳ねずにただ歩く
ハネトたちはロープで区切られた中にいる
ロープ
ハネト
ねぶた
囃子方
進行方向
トメさん
ロープをくぐって入って～
写真撮ってるよ
ハイッ
と言いつつ若い子多そうだしアウェイ感満載――
おばさん見かけないし
でもせっかく来たんだしここは勇気を出して!
フル装備
入れてください～
なんなくロープの中に入れてもらう

意外にもロープの中にはさまざまなハネトが!!
若者は超エネルギッシュ
ラッセー
ラッセー
ラッセ
ラー
ラッセラ〜
ジャンプ力ハンパない
中高年も
ラッセー!!
コドモたちも
ラッセー
みんなで跳ねるっ!!
トメも跳ねるっ!!
片足ケンケンを2回ずつでいいんだな…？
ぴょんぴょん
おそるおそる
すると大きな波が――
ラッセラー
ラッセラー
ラッセラッセ
ラッセラー
よし！声を出して参加しよう

ラッセ
ラッセー
ラッセー
波にのまれてしまえば――
ラッセラッセラッセ
ラッセラー
すごい解放感!!
もつかの間
ヨロ
ボタボタボタボタ
ぜーっぜーっ
ぜーっぜーっ
滝のように汗が――
50歳のカラダにはこたえる〜
ビール↓
はっ
純ちゃんええなぁ〜飲みたい――
おあずけっ
ワアッ

ねぶたは観客の拍手が盛大だと止まったり
ワー ワー ワーワー
ドンドン
パチパチ パチパチ ワー
ワー ピタッ
パチパチ
回ったり「魅せて」くれる
ゆっくりターン
ドンドン
まるで生きているみたい
扇子持 動きの指示を出す
ワーワー ワー
ドンドンドン
動きだしてこちらに迫ってきそう——

一生に1度は見ておくべきだなぁ…
トメさんっ時間っ!!帰るよっ
はっ
馬車がかぼちゃになっちゃう!?
そーだった
そう…我々は青森市内でホテルをとれず弘前でホテルをとったのです
ココにいる
青森
ねぶた祭
電車で約45分
弘前
電車も大混雑が予想されるためねぶたの運行が終わる前の電車に乗る計画
青森駅に行くにも人人人
交通規制でさらに混雑に
車が!
弘前駅に着くと――
ふぅ混んでたー
あっ

ちょうど弘前の「ねぷた」が運行を終えてもどってくるところでした
最後のねぷたが行っちゃうと「今年も終わりだな～」って思っちゃうヨ
まだ8月なんですけど…
青森ならではの料理をつまみつつ水分補給
がぶがぶ
zzz
けの汁
みずこぶ
みず
その後――
いやぁ私もついに跳ねちゃったよ
青森で
？
？
ねぶたを知らない人にはわかりづらい武勇伝をするようになっちゃったトメでした

おまけの
祭りさんぽ
青森ねぶた祭

金魚ねぶた

ハネト ハネト
ハネト ハネト

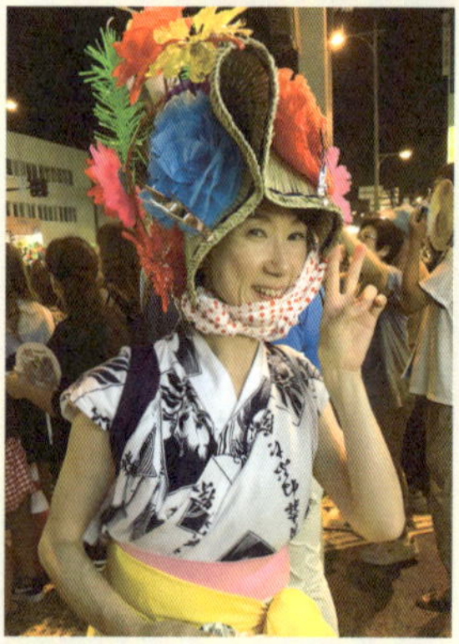

\トメハネト〜!!/

\ラッセラッセラー/

/ラッセラッセ\

どーーーん!!

アウガ新鮮市場

サーモン&イクラ ぜいたく親子丼！

でかいっ!!

のっけ丼

何をのせよ〜

弘前のねぷた

大迫力!!

＼ホーホー／

地元で見つけた ふくもの

下川原焼の鳩笛

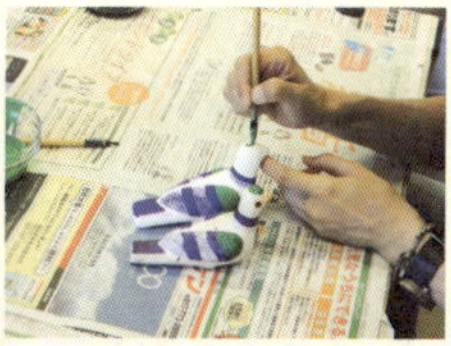

＼絵付け体験中／

津軽藩ねぷた村で民工芸製作体験ができます♪

青森ねぶた祭を10倍楽しむふくな情報

DATA

●開催日
8月2日〜7日
●開催地
青森県青森市
●ご利益・祈願
無病息災

青森ねぶた祭って？

のべ9万人のハネトが乱舞する北国の熱い6日間

8月2日〜7日にかけて開催される青森ねぶた祭は、もとは旧暦7月7日に行われていた悪霊祓いの灯篭《とうろう》流しが変化したもので、弘前のねぷた祭に影響を受けて始まったといわれています。

祭りの主役となるのは、武者絵や歌舞伎の演目を題材とした大型の灯篭を載せた山車である「ねぶた」。「ねぶた師」と呼ばれる専門の制作者によって、和紙と針金を原料に1年がかりで造られます。祭り本番ではねぶたにあかりが入り、極彩色に輝きながら市内を曳き回されます。

ねぶたのまわりで祭りを盛り上げるのは、「ハネト（跳人）」と呼ばれる踊り手たち。1台のねぶたにつき500人〜千人、多い時には2千人のハネトたちが文字通り飛び跳ねます。

花笠と色鮮やかなたすき、白地の浴衣がハネトの正装。かけ声の「ラッセーラー」は、「（酒またはろうそくを）いっぱい出せ」を意味する「イッペラッセ」を起源とするそうです。

太鼓、手振鉦、笛を基調とする躍動感あふれるお囃子もねぶた祭にはかかせません。ねぶた、ハネト、お囃子が三位一体となる「熱さ」こそが、青森ねぶた祭の醍醐味です。

ふくもの隊の

祭りのポイント

その1 ハネトになって思いっ切り跳ね回るべし！

ハネトの正装をまとわないと行列には参加できません。貸し衣装屋は市内に数か所ありますが、事前予約必須。荷物は預かってもらえるものの、貴重品などを入れ持ち歩く巾着などを持参すると便利です。

その2 観覧席では盛大な拍手でねぶたを呼ぶべし！

ねぶたは盛大な拍手に応じて回転したり、近づいたりしてくれます。観覧席で祭りを見る場合は、熱い拍手を送りましょう。個人客向けの有料観覧席は、例年7月上旬から販売されます。

その3 水分補給を怠るなかれ！

北国の夏といえど、人手も多く熱気はムンムン。ハネトはもちろん、見ている人も汗をかきます。コンビニや夜店もありますが、混雑する場合も。あらかじめお茶や水を買っておきましょう。ハネトの踊りは激しい運動と同じ。ビールの飲み過ぎには注意です。

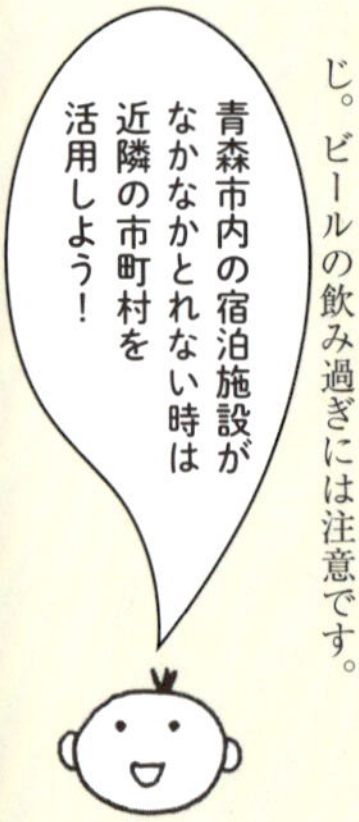
青森市内の宿泊施設がなかなかとれない時は近隣の市町村を活用しよう！

まだまだある！

ふくもの隊オススメ

山車の祭り

神様と人がともに乗る山車《だし》は、主に東海地方以西のお祭りで親しまれてきました。「屋台《やたい》」「曳山《ひきやま》」「地車《じぐるま》」「車山《やま》」など名称もさまざま。

近年、山車の登場する33の祭礼が、「山・鉾《ほこ》・屋台行事」としてユネスコ無形文化遺産に登録され、話題にもなりました。

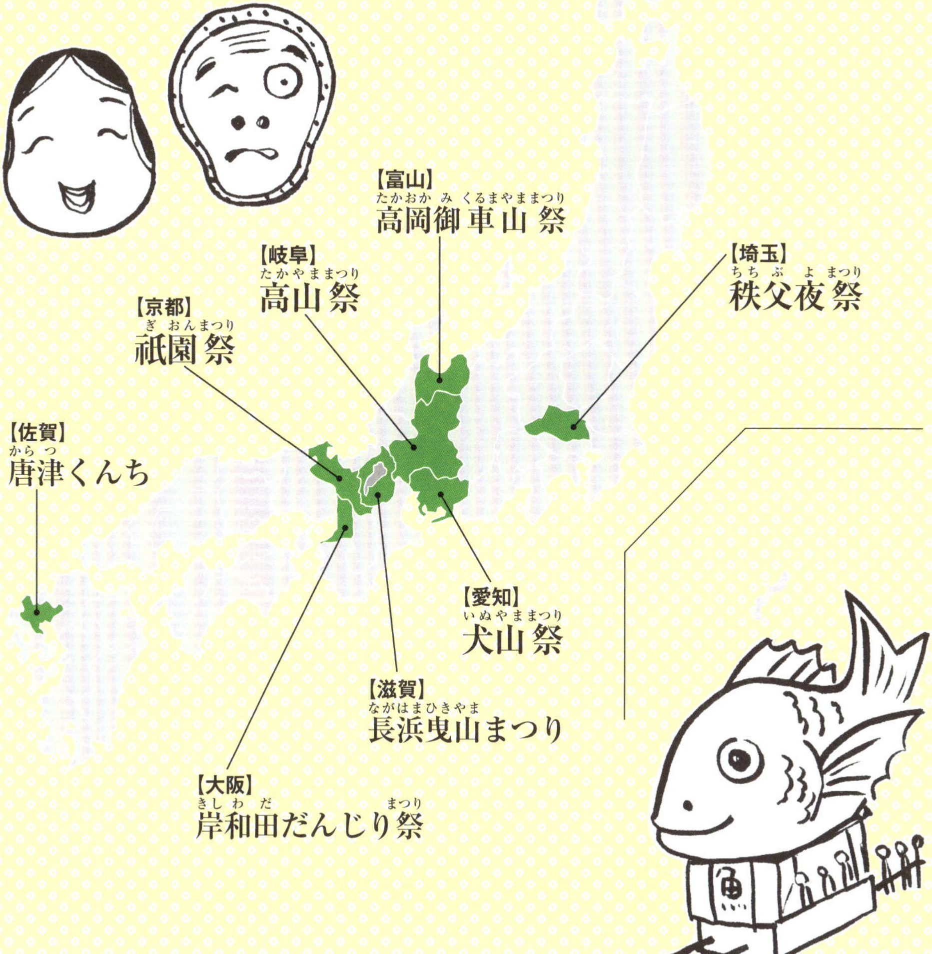

【埼玉】
秩父夜祭

秩父神社の神様の依り代《よりしろ》ともなる2基の笠鉾《かさぼこ》と、絢爛豪華な装飾が施された4基の屋台が曳《ひ》き回されます。350年近い歴史を誇り、屋台の上では歌舞伎や日本舞踊を奉納します。

【富山】
高岡御車山祭

御所車に鉾を立てた7基の「御車山《みくるまやま》」に高岡関野神社の神々が遷《うつ》り、行列をなします。色鮮やかな御車山には囃子方《はやしかた》も乗り込み、にぎやかにお囃子を奏でお祭りを盛り上げます。

【岐阜】
高山祭

「高山祭」は、春の「山王祭《さんのうまつり》（日枝《ひえ》神社例祭）」と秋の「八幡祭《はちまんまつり》（桜山八幡宮例祭）」の総称。その美しさ、きらびやかさから「動く陽明門」ともたたえられる極彩色の屋台が、春には12基、秋には11基登場し、高山市内を巡ります。

【愛知】
犬山祭

針綱《はりつな》神社の祭礼で、登場する車山は愛知県の有形民俗文化財に指定されています。見所は車山に備えられたからくり人形。夜には車山にちょうちんが灯され、満開の桜の下を進む幻想的な光景は錦絵のようです。

【滋賀】
長浜曳山まつり

江戸時代中期に造られた高さ7mにも及ぶ曳山は、子供歌舞伎の舞台にもなります。豊臣秀吉の時代から受け継がれる長濱八幡宮の祭礼であり、国の重要無形民俗文化財です。

【京都】
祇園祭

八坂神社の祭礼で、その歴史は千年以上にも及びます。疫病を鎮《しず》めるために66本の鉾を立てお祭りを行ったことが起源。現在は人形を乗せ、鉾を立てた山鉾《やまぼこ》が曳き回されます。各地に息づく、山車が登場するお祭りのルーツでもあります。

【大阪】
岸和田だんじり祭

重さ約4t、高さ約4mの「だんじり（地車）」が、岸和田の町を駆け抜けます。五穀豊穣を祈る神事として始まり、現在では地域の絆を深める一大イベントになっています。

【佐賀】
唐津くんち

唐津神社の例祭。獅子、鯛、兜《かぶと》などをかたどった14基の曳山をお囃子にのせて曳き回し、地域の繁栄と豊穣を願います。

第2章

「ココロもカラダも踊る」祭りさんぽ

山形花笠まつり（山形）
山形を代表する花といえば「紅花」
昔から女性の唇をいろどってきました
花言葉は「特別な人」
このロマンティックな花があしらわれているのが「花笠」
コレ
山形花笠まつりをさらに華やかにしています
しかしこの花笠――
え!?
かぶらないの!?
はい くるくる回したりはしますがかぶる人はあんまりいません
あくまで踊りの小道具
山形県山形市出身ふくもの隊 布袋《ほてい》みかこ 現在東京在住
でもかぶりたければかぶってー
よくお似合いで
・・・

ふくもの隊がいるのは観光文化交流センター「山形まなび館」
かつての小学校を改築しました
キレイで所々のデザインがいい!!
花笠まつりの期間中いろいろなイベントが開催されています
花笠まつりがすぐわかる展示や映像があったり
ワークショップがあったり
花笠風鈴づくりに参加してみました
夏らしい〜
前庭では花笠踊りを披露しています
花笠舞踊団の方
衣装もかわいい!
ぞうりにも絵と鈴が!!
正調花笠踊り（女踊り）
♪そろたそろたーよー
↑花笠音頭
ホントだ誰も花笠をかぶってない
踊りのふりを教えてもらいながら輪踊りに参加
8月だし要は「盆踊り」よね
チョロイぜ
なめてる→
うわ〜小学校以来!! 思い出してきたー
輪踊りのあとは山形大学花笠サークル「四面楚歌《しめんそか》」による踊りの披露です

ザザッ
ヤッショーマカショー
四面楚歌っ
かっこいい!!
ザッザッ
ぐるぐる
同じ花笠音頭なのに
これも花笠??
「笠回し系」の花笠踊りなんですダイナミックでしょー?
さっきの正調もしっとりしてていいけどね
若いなー
あっあの海外からの留学生と思われる人も花笠かぶってる!!
トメさんと一緒
事情を知らない人はかぶりたくなるってー

街の中に出てきました
わらわら
たくさんの人が歩いてる!! いつもはひっそりとしているのに!!
祭りはこうじゃなくっちゃ!
花笠まつりのパレードはメインストリート約1.2kmのコースをチームごとに踊り進みます
文翔館
ゴール
山形市役所
山形まなび館
さっきいたところ
スタート
パレードが始まるのは午後6時頃 その前にゴール付近では誰でも参加できる輪踊りを開催 祭り気分がどんどん盛り上がる
ひらり
ひらり
ドンドンドン
太鼓も女性
本当はこういう踊りなんだ…
自分の踊りと全然違う
輪の中心の台にはお手本として笑顔で踊るおねえさん さしずめ花笠ザ・ピーナッツ!
ガンガン踊りだす布袋みかこ
山形県民のDNAが覚醒したっ

※蔵王連峰…山形・宮城両県にまたがる連峰。

花笠舞踊団
一糸乱れぬ踊り!!
たかが「盆踊り」なんて言ってごめんなさい!! 素晴らしい芸能です!!
かっこいい…
コドモたちの踊り
花笠かぶってる！
自衛隊さんチームも
花笠がなんだか小さく見えるよ
キリッ
ザッザッザッザッ
歩きながらパレードを見ていると

某地方銀行前
わぁーっ
うおーっ
○○部長ー!!
いけいけーっ
踊れーっ
おーっ
△□いいぞーー
おーっ
おーっ
何!?
このサラリーマンのおっさんたちの野太い声援!!
そこの銀行の花笠チームが通りかかるところでした
山銀
山銀
平常業務
いらっしゃいませ
祭り
平常業務
業績はどうだ
祭り
ハレとケ
さいたるものだ!!
それにしてもおじさんたちもたくさん練習したんだろうなぁ…
おー
うおー
いいぞ

山形のソウルフード「どんどん焼き」を食べてひとやすみします
ジューッ
のり
小麦粉を水で溶いたもの
魚肉ソーセージ
ソースをつけて戴きます
うまっ
生地がふかふか
パレードだと好きな場所でさっと見れるね
はっ
キラキラ
キラキラ
花笠まつりがこんなに面白かったなんて!!
(by布袋みかこ)
どんどん焼きもいつ食べてもおいしー
感動!!
そうなんだ!!
実は始めからちゃんと見たの初めてかも
ふるさとのお祭りと食べ物で思わず中学生にもどっちゃいました
打ち合わせの時もしかしてネタにならないかもって言ってたよねー
ごめんなさい〜
そっか地元の人でもちゃんと見てない人がいるんだ
現実にもどる
全国に散らばっている山形県民のみなさんも県内のみなさんも山形花笠まつりを見に来てね
by 蔵王大権現

おまけの

祭りさんぽ

山形花笠まつり

チリリーン♪

花笠風鈴を作りました

ヤッショーマカショー

後ろ姿もLovely♡

パレードが始まりますよ〜!

大権現〜!!

大黒さまみっけ!!

地元で見つけた
ふくもの

山形県民のソウルフード どんどん焼き←

ソバもうまし→

ゆるキャラも踊ってる

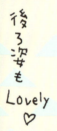

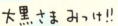

山形花笠まつりを10倍楽しむふくな情報

DATA

●開催日
８月５日～７日

●開催地
山形県山形市

●ご利益・祈願
地域繁栄

山形花笠まつりって？

花笠を用いた多彩な踊りで観客を魅了する

「そろたそろたよ笠おどりそろた」の歌詞で始まる花笠音頭。明るくリズミカルなこの民謡は、土木工事で力を合わせるための囃子《はやし》唄《うた》が起源なのだそうです。唄のルーツそのままに、ぴたりと呼吸と動きを揃えた踊り手たちが群舞し、パレードを繰り広げるのが山形花笠まつりです。

最大の特徴はその名の通り「花笠」で、山形県の県花である紅花の造花をあしらった笠を手に踊るのが原則。艶やかな「正調女踊り・薫風《くんぷう》最上川《もがみがわ》」、凛々しく勇壮な「正調男踊り・蔵王暁光《ぎょうこう》」、ダイナミックに花笠を回す「笠回し系花笠踊り」、趣向を凝らした「創作花笠踊り」に大別されます。参加団体によって衣装やかけ声も大きく変わり、見ている者を飽きさせません。

見るだけではなく参加したい！という要望に応え、パレードスタート前には誰でも参加できる輪踊りが開催され、さらにパレード最後尾は飛び入りOK。多くの観客が、配布される紙製の花笠やうちわを手に楽しく踊り進みます。

１９６３（昭和38）年の第1回から市民参加型のお祭りとして発展し続け、現在では1万人以上の踊り手、１００万人の観客でにぎわう夏祭りとして愛されています。

ふくもの隊の祭りのポイント

その1 先頭集団＆最後尾は一糸乱れぬ集団美！

参加団体は約１５０。パレード順序は7月半ば頃からインターネットなどで確認できます。例年、パレードの先頭集団は「花笠舞踊団」、最終集団は「民俗文化サークル四方山会《よもやまかい》」が務め、一糸乱れぬ圧巻の群舞を披露します。

その2 疲れたらお店に入って一時休憩を！

山形花笠まつりには、観客席がありません。基本的には沿道の空いているスペースに座ったり、立ったりしての見物となります。パレードは3時間近く続くため、疲れたら無理せず休憩を。会場近くにはソバ屋、居酒屋、立ち飲み屋など飲食店が多数。山形グルメを堪能しましょう。

その3 浴衣を着ればお祭り気分もアップ！

浴衣で参加すれば、お祭り気分もグッと高まります。会場への送迎＆浴衣の貸し出しサービスがあるホテルを活用するのもＧＯＯＤ！

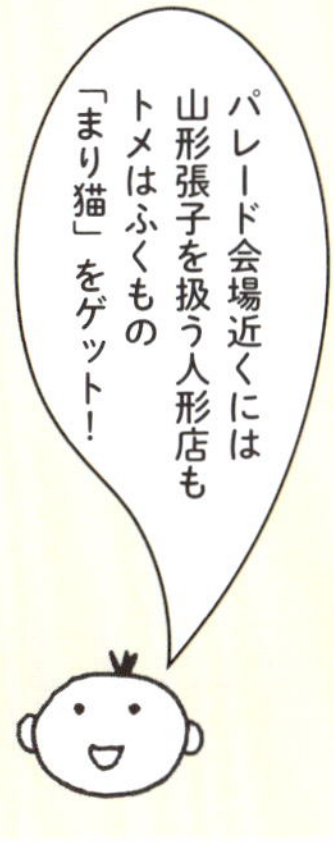
パレード会場近くには山形張子を扱う人形店もトメはふくもの「まり猫」をゲット！

よさこい祭り
（高知）
初めて降り立った8月の高知は暑い――いやむしろ
痛い…
もあっ
35℃
さすが南国高知
チリ
チリ
チリチリ
初めての高知で蒸発しそう
トメさん大丈夫？
あっ
灼熱の高知にようこそ！
今年は夕立もないからさらに暑くて
今回の案内人チャオさん
高知県生まれ・〃育ち
現在高知市在住
木もカラカラ
まずは高知ならではのところに行きましょう
高知といえばキモカワキャラの
カツオ人間!!
土佐タタキ道場
いや、カツオ

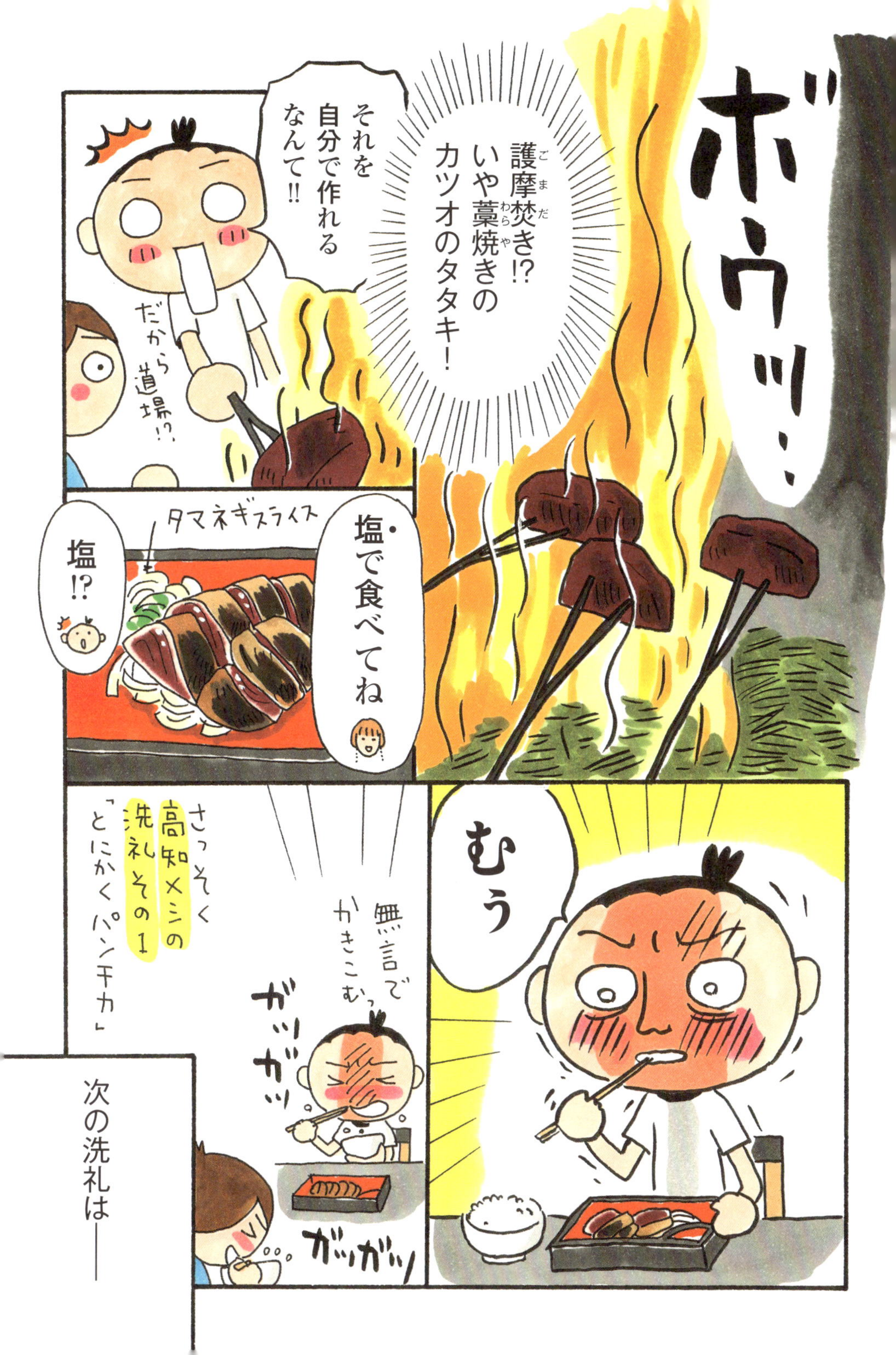
ボウウッ…
護摩焚《ごまだ》き!? いや藁焼《わらや》きのカツオのタタキ!
それを自分で作れるなんて!!
だから道場!?
塩で食べてね
塩!?
タマネギスライス
むぅ
さっそく高知メシの洗礼その1「とにかくパンチカ」
無言でかきこむっ
ガッガッ
ガッガッ
次の洗礼は——

ガーガー
はっ
ガー
生のよさこいの迫力!!
バッ
バッ
はっ
はっ
よいやさのよいやさっ
そして大音量!!
バッバッ
バッ
ズンズンズンズン
ピキーン
ビビビ
すごいね
これでさらに気温上昇!
最初は驚くよねー
北海道のYOSAKOIソーラン祭りで経験済み

この大音量の音楽はよさこいの特徴のひとつ「地方車《じかたしゃ》」から発信されているの
「ちほうしゃ」じゃないよ
仕様、デザインは各チームのオリジナル
各チーム※それぞれ1台用意していて音源スピーカーを搭載しミュージシャンも乗せているチームのシンボルである
※各チーム…よさこい祭りは踊り子と地方車で構成されるチームごとに参加する。
そっか！この「地方車」は動くでっかい「ラジカセ」なんだ
お囃子を生演奏する阿波おどりとは全然違うなぁ
単なるデコトラじゃないっ？
そしてこの鳴子《なるこ》
踊り子はこれを持って鳴らすのがルール
もともとは害鳥を追い払う農具だった
曲のどこかに「よさこい鳴子踊り」のフレーズを入れれば、どんな音楽でもOK
ロックサンバから民謡調まで
踊りも衣装も自由!!
その自由さから全国に一気に広まる
でも発祥は高知なのよ!!
知ってて!!
北海道のYOSAKOIソーラン祭りもよさこい祭りがルーツだしねー

今回は当日参加できる高知市の「市民憲章よさこい踊り子隊」というチームに参加します
参加費は無料 希望者には紙製の法《はっ》被《ぴ》がもらえる
1着 500円
高知
鳴子は持参（当日販売もあり）
高校の体育館に集合して踊りの練習をする
カン カン カン カン カン カン カン
当日参加で「チョイよさこい」が味わえるとあってさまざまな参加者が集まる
親子づれ
夏休みの楽しみ
観光客
旅の思い出に
熟年カップル
おいしいビールを飲むぞ
若い女性グループ
ストレス発散～
ふりはコドモたちも踊れるシンプルなもの しかし冷房なしの体育館はちょっと動くと…
汗が滝のよう
よさこいダイエット
いやもう限界!!
バタッ
うん取材している方も限界
あちー

高校から近くの巨大屋台村「ひろめ市場」へ
ひろめ市場
ぷはーっ
生き返ったー
タン
値千金の1杯!!
たくさんある屋台から好きな料理や飲み物を買ってどのテーブルで食べてもいいんだよ
屋台の博覧会って感じ
はちきん食堂
ラーメン
タタキ
ワイン
ホッピーセット
梅酒
ジンジャエール
チャオさんが高知名物の料理をチョイス
焼きギョーザ
花くじら（くじらの尾）
どろめ（生シラス）
うまい～高知!!
ビールもう1杯～
「高知メシの洗礼その2 やめられない」
さあもういいかげんにして本番に行くよ!!

JASRAC 出 1703077-701

※アイスクリン…砂糖・たまご・脱脂粉乳などを原料とする昔ながらの氷菓子。高知では屋台や専門店があるほど親しまれている。

バッ
サンバ風よさこい
よさこい
セクシー
目のやり場に困る…
↑と言ってガン見
高知城の天守閣を眺めつつよさこいを楽しむ
ノリのいい大音量の音楽とかけ声
よさこい
はっ
はっ
はっ
ガン
ガン
ガン
ガン
ガン
この音楽を聞くと——

何歳になっても血が騒ぐのよね〜
昔はお酒を浴びるほど飲んで踊ったな〜
チャオさんにもお祭り武勇伝が‥
高知では保育園から小学校くらいまで運動会で必ず踊る
カン カン
だから高知の人は誰でもよさこいを踊ったことがあるらしい
ラジオ体操よりメジャー？
よさこいってバレエみたいにソロがないから
ひとりひとりが主役なんだ！
踊り子たち全員にスポットライトが当たるからあのキラキラした笑顔が生まれる
「お祭り」「カーニバル」「フェスティバル」よさこい祭りは懐が深い何でもござれ!!
カン カン
カン

おまけの祭りさんぽ

よさこい祭り

塩で食べる〜

藁焼き
カツオのタタキ!

はっ

はっ

はっ

すっきり
ゆずジュース

次から次へと
熱いステージ

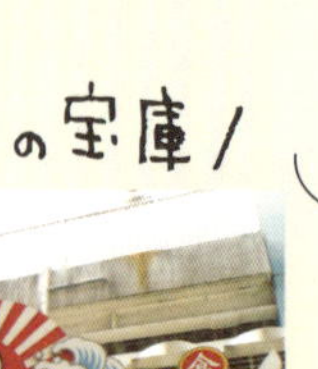

水分
補給
忘れずに

地元で見つけた
ふくもの

いろんな鳴子

エネルギーの源

＼地元メシの宝庫／

野菜大好き♡
ヨシオでーす

よさこい祭りを10倍楽しむふくな情報

よさこい祭りって？

日本版リオのカーニバル 土佐に鳴子が響く4日間

よさこい祭りは、南国土佐の自由闊達《かったつ》な県民気質が集約された夏祭りです。1954（昭和29）年、戦後の不景気を吹き飛ばし、土佐人を元気づけようと始められました。

①鳴子を持って踊る②よさこい祭りのために制作された「よさこい鳴子踊り」のフレーズを用いる、という2点を守れば、衣装や振付、楽曲アレンジは自由。参加チームのシンボルであり、音源ともなる地方車からは太鼓などの鳴り物や生演奏をはじめ、会場を盛り上げるマイクパフォーマンスも響き渡ります。

市内には9か所の競演場、7か所の演舞場が設けられ、正調、現代和風、サンバ、ダンスミュージックなど、バラエティ豊かなチームが揃います。踊り子は、約2万人。ちなみに「よさこい」には、土木工事現場でのかけ声「ヨイショコイ」が変化したもの、女性から男性への「夜《よ》さり来《こ》い＝夜に来て」という色っぽい誘い文句が変化したもの、といった説があるそうです。

よさこい祭りはコンテスト形式のお祭りでもあります。10日と11日の演舞によって「よさこい大賞」をはじめとする各賞が決定すると、最終日には全国大会が開催され、受賞チームと県外からエントリーしたチームが競演します。

DATA

●開催日
8月9日～12日

●開催地
高知県高知市

●ご利益・祈願
地域繁栄

ふくもの隊の 祭りのポイント

その1 高知駅から徒歩8分の愛宕《あたご》競演場がオススメ！

高知市街に10か所余り設けられる競演場や演舞場には、それぞれ個性や特色があります。なかでもオススメなのは、高知駅前からもっとも近い愛宕競演場。直線500mの長さを誇り、見通し抜群。エネルギッシュに舞い続ける踊り子から元気をもらえます。

その2 メダルを提げた踊り子に注目！

よさこい祭りの各賞はチームに贈られますが、踊り子個人にはメダルが贈られます。いちばんの評価点は笑顔。笑顔と元気があふれる踊り子に、花や鳴子をあしらったメダルが会場ごとに授与されます。メダルを提げた踊り子の舞を見れば、自然とこちらも笑顔に。

その3 ご当地グルメでパワーチャージ

とにかく暑い&熱い、よさこい祭りを楽しむためには高知グルメでエネルギー補給！　海の幸や山の幸、銘酒を堪能しましょう。

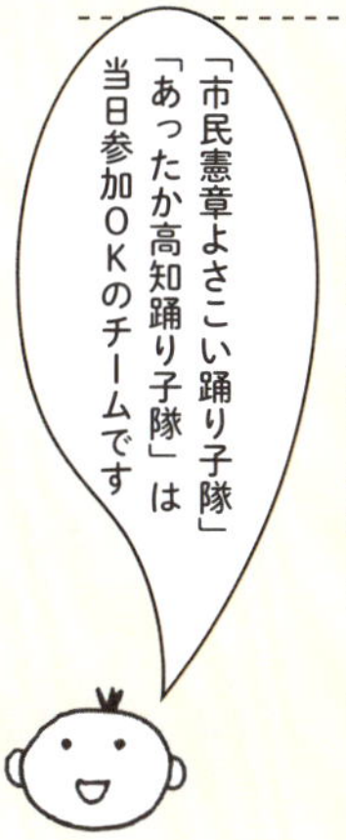

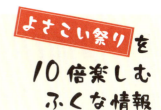

「市民憲章よさこい踊り子隊」「あったか高知踊り子隊」は当日参加ＯＫのチームです

阿波おどり
（徳島）
8月に入った徳島で
絶対にやってはいけない
ことがある
それは――
カッーン
はっ
しまった
金属音をたてると
阿波おどり準備万全の人たちが
踊り出してしまうというのだ
スイッチオン！
そんなわけ
ないでしょー
バカバカしい
徳島県出身
幼少から踊った
阿波おどりは
カラダに染みついている

カーン
カーン
カンカンカンカンカン
あれ!? カラダが勝手に
なんだ ホントだったんだ…
カンカ カンカ
8月 徳島駅
すごい! 郵便ポストの上にまで阿波おどりの銅像が
これ見ると帰ってきたなって思うよ
「阿波尾鶏《あわおどり》」っていう鶏肉もあるくらいですから
こんにちは!
南和秀さん
阿波おどり専門のグラフ誌「阿波楽《あわらく》」の編集長　これまでに取材した踊り子は１４００人を超える
阿波おどりの始まりは諸説あります 一説には徳島藩が成立してから盛んに踊られるようになったとも
徳島藩 初代藩主 蜂須賀《はちすか》家政《いえまさ》
想像
４００年もの歴史があるといわれてますね
すごいっ

※個人差があります。

1970（昭和45）年頃になると阿波おどりは大阪万博をはじめ各地のさまざまなイベントに呼ばれる機会が増えて自分たちで楽しむ踊りから魅せる踊りに変わっていったんです
今や全国で踊られていますよ
技が磨かれてより洗練されました
全国主な阿波おどり
札幌
越谷市
東京
高円寺
下北沢
中目黒
三鷹
神楽坂
大和市
大月市
大阪・天神橋
北海道や関西でもやってるよ！
ボクも取材へ〜
じゃ楽しんで
ありがとうございます
それにしても人がたくさん出てるねー
阿波おどり期間の4日間で約120万人の人出!!
徳島市の人口
26万人
4倍以上にふくれあがる！
ホテル高い!!とれない!!
エビスの実家にお世話になります
駐車場もえっらい高くなってる!!
毎年のことだけど
FE
わー
踊り子さんがあちらこちらに
後ろ姿もキレイ

※さじき席…お祭りなどを見物するために設置される席。

ドゥウッ

見事なフォーメーション!!
ちょうちんを振り回す
暴れ踊り
キレッキレの
コドモたちの踊り
そして
迫力のお囃子——

※連（れん）… 踊り子のグループのこと。踊り子と鳴り物（三味線・鉦・太鼓・横笛など）で構成される。

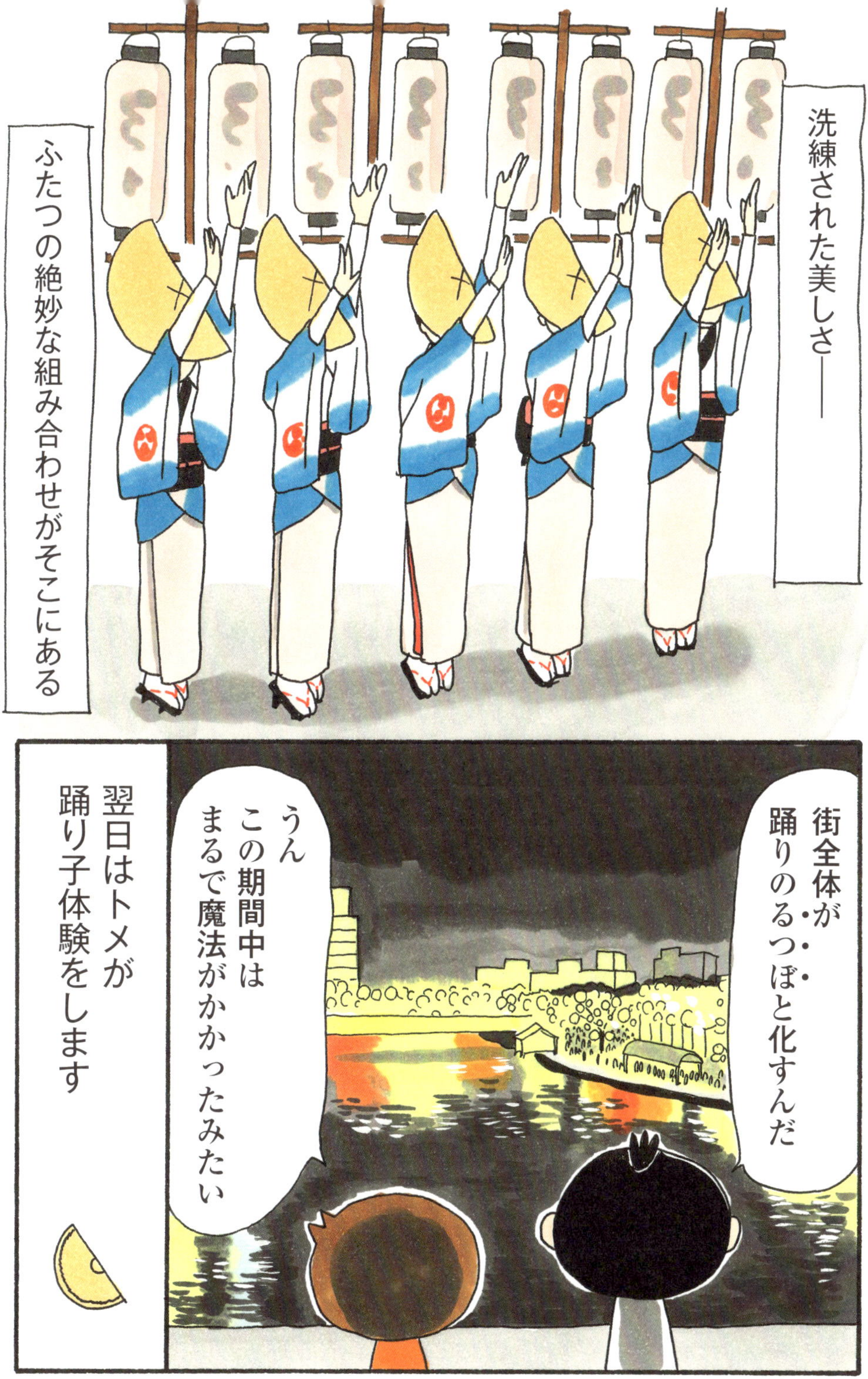
洗練された美しさ——
ふたつの絶妙な組み合わせがそこにある
街全体が踊りのるつぼと化すんだ
うん
この期間中はまるで魔法がかかったみたい
翌日はトメが踊り子体験をします

ドン
翌日――
「本家大名連《ほんけだいみょうれん》」の踊り子です
「女踊り」の衣装
よく似合ってますよー
着付け担当 小林さん
トメさんっ 年齢的な落ち着きでベテランに見えるよっ
「男踊り」の衣装
でも――
えっ 全くの初心者!?
バリバリの踊り子さんかとー
着付けを手伝ってくださった三味線の永田さん
本家大名連 連長 清水理《さとる》さん
徳島藩祖 蜂須賀家政の扮装です
人前で踊ったことがない？
いーよいーよ 取材なんだから 体験してってー
大丈夫 大丈夫

①「にわか連」に当日入る

◎参加費無料
◎事前申し込み不要
◎練習して演舞場へ繰り出します

※詳細は徳島市観光課へ

②阿波おどり会館に行く

毎日阿波おどりの公演があり その中に体験コーナーがあります

※詳細は阿波おどり会館へ

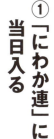

それにしても「本家大名連」にはコドモからオトナまで実にいろんな人たちが参加しています
中学生 高校生の子たち
男踊り
お姫様もいます
幼稚園ぐらいの男の子
鳴り物担当の方々
キリッ
みんなすごく楽しそうキラキラしています
いよいよ出陣!?（出発）
なんと人気の「藍場浜《あいばはま》演舞場」へ
ドン!!
うわーふつうのゲタより高いっ!!
カタン

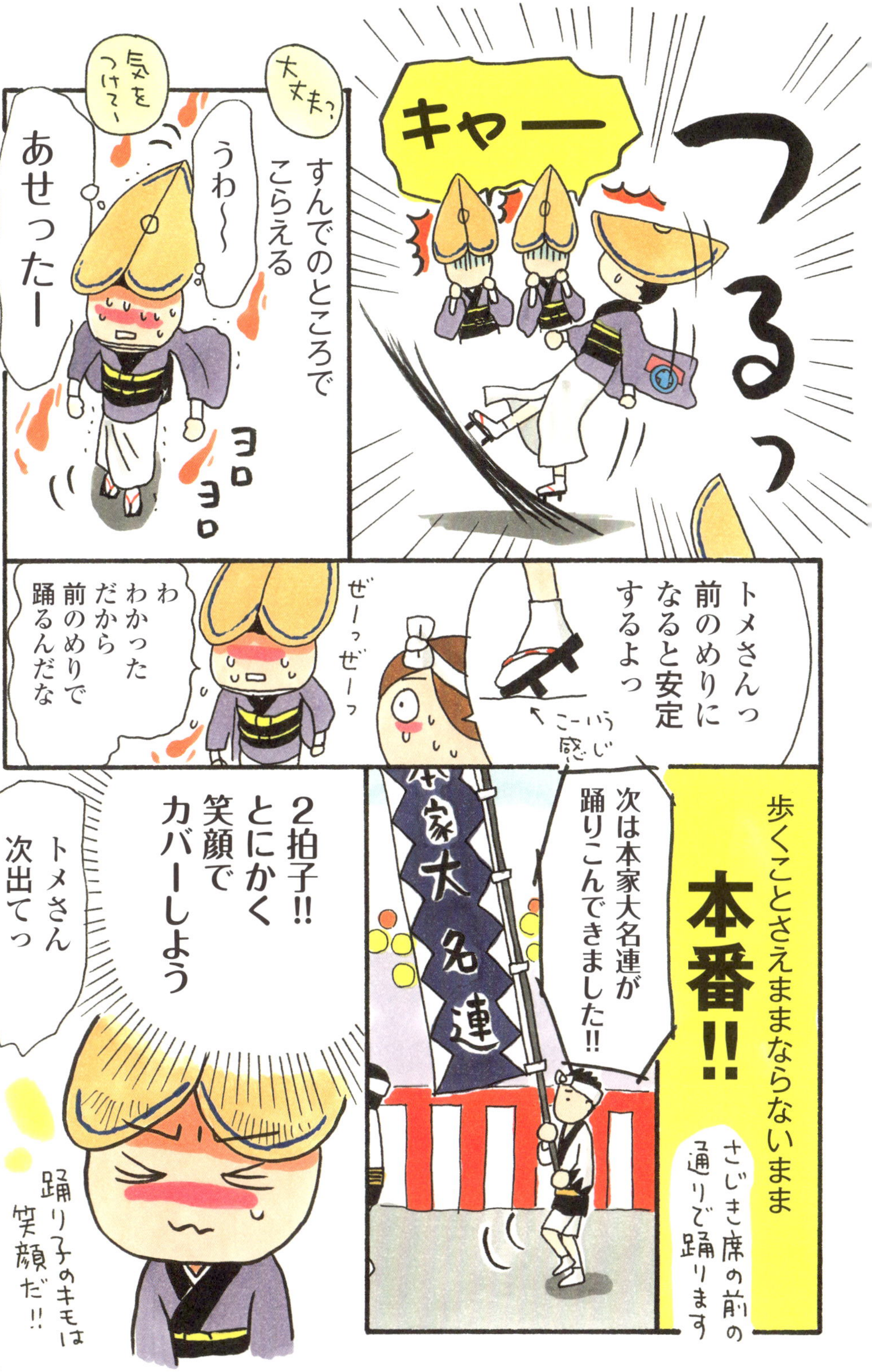

キャー
つるっ
大丈夫?
気をつけて～
すんでのところでこらえる
うわ～～
あせったー
ヨロヨロ
トメさんっ前のめりになると安定するよっ
こーいう感じ
ぜーっぜーっ
わ わかった だから前のめりで踊るんだな
歩くことさえままならないまま
本番!!
さじき席の前の通りで踊ります
次は本家大名連が踊りこんできました!!
本家大名連
2拍子!! とにかく笑顔でカバーしよう
トメさん次出てっ
踊り子のキモは笑顔だ!!

ままよっ!!
カンカ
カンカ
カンカ
落ち着いて体重を前にしっかりかけて鳴り物の音をよく聴いて
カンカ
殿様の貫禄
わーわー
とのー
連長大人気だすごいっっ
殿様は踊らない

副隊長!!
おお!
久しぶりなのに踊りが
様になってる!!
それも
撮影しながらという
離れ技!!
姫も踊り
お囃子も
最高潮

写真協力／株式会社猿楽社

さあ飲みに食べに行こう！
地元の友だちや帰省してる友だちと居酒屋で合流～お祭りは友だちに会えるチャンス！
まずは屋台で軽く～
やきとり
阿波尾鶏
お祭りって楽しんで日頃のウサを発散するだけじゃなく
ワイ
ワイ
カンパーイ
お疲れさまー
久しぶりー元気だった？
トメさん踊ってるとこ見たよー
いやー
ワイ
家族や同郷の友だちとの絆を再確認するところなのかも――
さすがにトメ緊張と疲れでぬけがら状態
カーン
ピクッ
カーン
カンカ
カンカカ
カンカカン
カラダが勝手に!!
恐るべし阿波おどり!!

おまけの祭りさんぽ

阿波おどり

← すべての活動の源!!

\ 圧巻！ブラボ〜!! /

ポストの上でも踊らにゃソンソン〜

徳島県民のアイドル

タヌキ！のケーキ

\ 地元メシ！/

徳島ラーメン →

あちこちで踊ってる〜!!

地元で見つけた
ふくもの

遊山箱《ゆさんばこ》

ランチボックス

徳島発祥の漆器「蔵いちかわ」の遊山箱♥春の宴のお弁当箱です。

阿波おどりのおみやげ

阿波踊り団扇《うちわ》
216円（税込）

有名連マグネット
432円（税込）、
直径38mm

阿波踊り本。II
2,592円（税込）、A5判、160P、
DVD付き

その他、「有名連ストラップ」（540円、25mm）、「有名連缶バッチ」（324円、32mm）もあり。
猿楽社　http://www.sarugakusha.jp/

にわか踊り子
トメ

ニコニコ

キャッキャッ

蜂須賀家政です

開放的〜

藍場浜演舞場〜♪

阿波おどりを10倍楽しむふくな情報

阿波おどりって？

阿波おどりの本場・徳島に「踊る阿呆に見る阿呆」が集結

今や全国各地で踊られるようになった阿波おどりの発祥は、その名の通り阿波国＝徳島県。約400年前、豊臣秀吉の盟友である蜂須賀正勝の子・家政が徳島城を築いた際、領民たちがお祝いとして踊ったのが始まりといわれています。また、商売繁盛を祈願するにぎやかな踊り「ぞめき」を起源とする説もあります。

いずれにせよ、軽快な2拍子のお囃子と軽やかな「ア、ヤットサー、ア、ヤットヤット」のかけ声、右手と右足、左手と左足を交互に出し進み続ける独特の動きが発展し、現在の阿波おどりが出来上がりました。ちなみに「阿波おどり」の名称は、昭和初期頃に定着したそうです。

お祭りとしての「阿波おどり」は、毎年お盆と重なる4日間にわたり開催されます。踊り子は約10万人、見物客は約120万人。まさに日本最大級の盆踊りです。

徳島市街には昼夜を問わずお囃子と鉦の音が響き渡り、阿波おどり一色に染まります。踊り子たちは「連」と呼ばれるグループに所属し、連ごとに各会場や街角でおどりを披露。本場徳島のみならず、日本各地から多くの連が集結し、4日間で登場する連の数は約900にものぼります。

DATA

●開催日
8月12日〜15日

●開催地
徳島県徳島市

●ご利益・祈願
地域繁栄・商売繁盛

ふくもの隊の 祭りのポイント

その1 にわか連で「踊る阿呆」になろう！

「踊る阿呆に見る阿呆、同じ阿呆なら踊らにゃ損損」と囃子詞にあるように、阿波おどりに行くとなれば、やはり踊って楽しむのも醍醐味のひとつ。事前申し込み不要、服装自由、参加費無料の「にわか連」に参加しましょう。有名連の踊り子の指導とリハーサルを経て、演舞場へと踊りこみます。

その2 中央付近のさじき席で「見る阿呆」になろう！

会場となる徳島市街には数か所演舞場が設置され、観客はさじき席から楽しみます。有料・無料に関わらず、さじき席は中央付近がオススメ。ダイナミックな連の隊列変更を間近で堪能できます。

その3 衣装や小道具にも注目！

阿波おどりは「男踊り」と「女踊り」に大別できます。男踊りの中には、うちわやちょうちんを持ち踊る流派もあります。

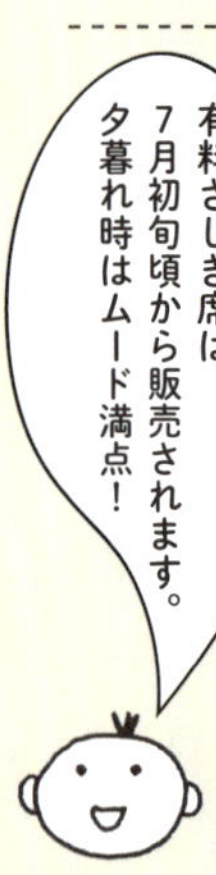
有料さじき席は7月初旬頃から販売されます。夕暮れ時はムード満点！

まだまだある！

ふくもの隊オススメ 踊りの祭り

踊るお祭りといえば、
夏の風物詩でもある盆踊り。
祖先の霊を慰め、
災厄を祓《はら》う踊りとして
各地で受け継がれてきました。
また近年では、
人や街を元気にしようと、
さまざまな「踊りの祭り」が
誕生しています。

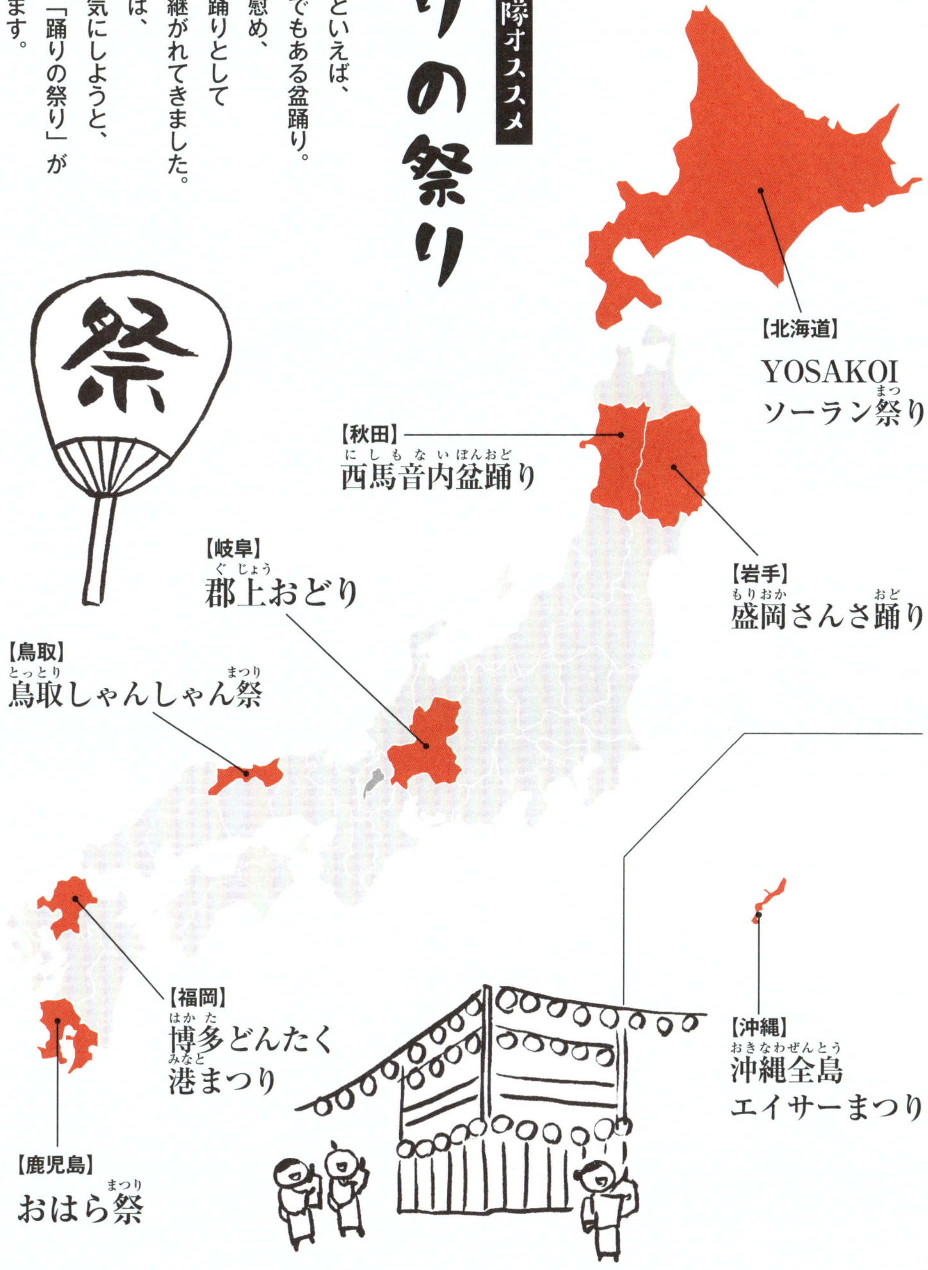

【北海道】
YOSAKOI ソーラン祭り

1992（平成4）年、本場高知のよさこい祭りに感銘を受けた学生の発案によりスタートしました。鳴《なる》子《こ》を手にした踊り子たちが、北海道の民謡「ソーラン節」のメロディに合わせダイナミックな群舞を披露します。

【岩手】
盛岡さんさ踊り

お腹に装着した和太鼓を踊りながら打ち進む、太鼓衆がユニークなパレード系のお祭りです。江戸時代、鬼退治を喜んだ村人たちが「さんささんさ」と踊り囃したのが起源とされています。

【秋田】
西馬音内盆踊り

黒い覆面状の「ひこさ頭巾」や編笠をかぶった女性たちが輪になり、かがり火に照らされながら踊る、なんとも妖艶《ようえん》な盆踊り。野性的なお囃子《はやし》と優雅な踊り、母から娘へと受け継がれる華やかな衣装が見る者を魅了します。

【岐阜】
郡上おどり

7月中旬から9月初めまで、2~3日に1度は郡上市八幡町のどこかで輪踊りが開催されるため、「日本一長い盆踊り」としても有名。夜通し行う「徹夜踊り」は圧巻で、哀愁を帯びた郡上節に合わせ、老若男女が踊り明かします。

【鳥取】
鳥取しゃんしゃん祭

1964（昭和39）年、古来の「因幡《いなば》の傘踊り」をアレンジして始められました。4千人を超える踊り子による一斉傘踊りのほか、花火大会も行われる鳥取の一大イベントです。

【福岡】
博多どんたく港まつり

博多商人による領主への年賀祝いをルーツとする、にぎやかなお祭りです。しゃもじを手にした博多っ子が、演舞台やどんたく広場で踊りを披露します。

【鹿児島】
おはら祭

1949（昭和24）年に鹿児島市制60周年を記念して始まりました。鹿児島を代表する民謡「おはら節」や「鹿児島ハンヤ節」に合わせて総勢2万人が踊る「総踊り」を中心に、さまざまなイベントが行われます。

【沖縄】
沖縄全島エイサーまつり

沖縄伝統の盆踊り、「エイサー」を各地の青年団が次々と披露します。勇壮な群舞は息をのむ迫力です。

第3章

「神輿を担ぐ」祭りさんぽ

三社祭
（東京）
昔々、隅田川を漁場とする兄弟の漁師がいました
あれ？何だコレ？
兄
桧前浜成《ひのくまはまなり》
弟
桧前竹成《ひのくまたけなり》
何かの像？でも食べられないしなー
川に返す
ポチャン
ところが何度網を投げても魚はかからずにこの像ばかりがかかる
!!
またこの像…
魚は1匹もかからない
……
今までこんなことはなかった…
兄弟は不思議に思いつつその像を槐《えんじゅ》の切り株に安置した
うーん今日は魚が1匹もとれなかった…
明日こそ！

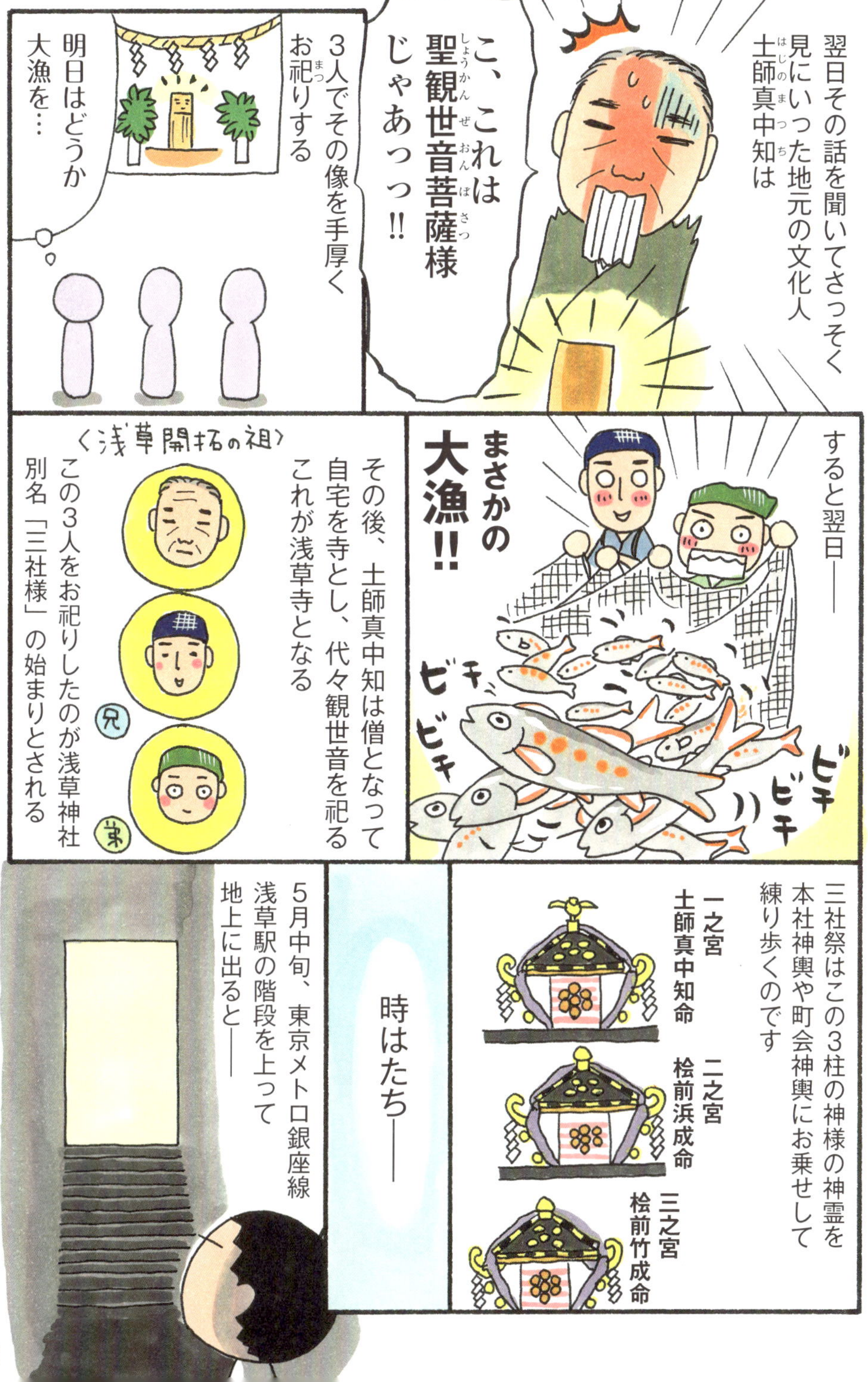
翌日その話を聞いてさっそく見にいった地元の文化人土師真中知《はじのまつち》は
こ、これは聖観世音菩薩《しょうかんぜおんぼさつ》様じゃあっっ!!
3人でその像を手厚くお祀《まつ》りする
明日はどうか大漁を…
すると翌日――
まさかの大漁!!
ビチビチ
ビチビチ
その後、土師真中知は僧となって自宅を寺とし、代々観世音を祀るこれが浅草寺となる
〈浅草開拓の祖〉
兄
弟
この3人をお祀りしたのが浅草神社別名「三社様」の始まりとされる
三社祭はこの3柱の神霊を本社神輿や町会神輿にお乗せして練り歩くのです
一之宮 土師真中知命
二之宮 桧前浜成命
三之宮 桧前竹成命
時はたち――
5月中旬、東京メトロ銀座線浅草駅の階段を上って地上に出ると――

かんのん通り
ドンドンチャンチャン
ドンドンチャンチャン
はあ〜〜 焼きソバのソースの香り〜
くんくん
くん
あちこちから お囃子《はやし》の音もする〜
祭りの雰囲気満点!!
トメさーん!
天気でよかったねー
なんかウキウキする〜
暑いくらい!
ふくもの隊 本書監修 平藤喜久子先生（きくちゃん先生）
やきそば
わあっ 見て見て!!
パシッ
キャッ
祭り装束のイケメンがいっぱい〜
キャッ
「ゲレンデマジック」ならぬ「お祭りマジック」では——
そして路地裏ではブルーシートが敷かれてあちらこちらで大宴会
わー!!
仲間に入りたい
ふたりともはしゃいでるなー
がしっ
オイオイ キモチはわかるが

祭り装束の人も多いけど
見物客が圧倒的に多いね〜
外国人もたくさん！
トントンチャンチャン
今日は浅草に住む友人のつるさんにお願いしてお神輿を担ぎます
ここだ！
お祭りのちょうちんだ
三社祭
いらっしゃい〜
案内人つるさん
東京都出身・在住
ダンナさん
日頃は編集さん
つるさん宅にはお神輿を担ぐ友だちがたくさん集まっていてにぎやか！
ワイワイ
この日のために毎年借りるビールサーバー
うひょー
あらかじめ用意した料理を手慣れた様子で次から次へと出して接待するつるさん
テキパキ
テキパキ
さあさ遠慮しないで箸を伸ばしてね
ハイみなさんビールついで！
初めて自分でビールサーバーをつぐ
ドキドキ

ようこそ三社祭へ〜
まずは最初の乾杯〜
そして祭り装束に着替えます
にわか江戸っ子に変身!!
半纏《はんてん》が重要!!
町会の半纏がないとお神輿は担げない!!
ダボシャツ
鯉口
(こいぐち)
スマホなどを入れるポシェット
股引き
(ももひき)
祭り足袋
(まつりたび)
足袋の足の裏がゴムのもの
この上に半纏を着ます
うちは「千草《ちぐさ》」町会
かっこいーー!
半纏は数に限りがあるので担ぎ終わったら次の人に回してね
つるさんの髪は手ぬぐいでアップ
縁起を担いで「結び目」は作らない
私は今回はカメラ〜
ふくもの隊いざ出陣!
入ってきた!!
気合い入ってきた!

お神輿を担ぐ前に ここで三社祭の 概要を説明しますね
三社祭のスケジュール
3日間
1日目（金曜日）
各町神輿神霊入りの儀
浅草神社の本殿から3柱の神様にお神輿に乗って頂く神事
2日目（土曜日）
町内神輿連合渡御《とぎょ》
各町会のお神輿100基近くが浅草寺本堂裏に参集 お祓《はら》いを受けて各町会を渡御
3日目（日曜日）
本社神輿各町渡御
本社神輿が浅草の町を渡御する
ふくもの隊参加!!
本社のお神輿3基（一之宮、二之宮、三之宮）は それぞれ進行コースが違い あらかじめ分担※して決められた町会が担ぎます
※分担…3基のお神輿を担ぐ町会の分担は毎年変わる。
浅草神社
20:00頃宮入り
19:00頃宮入り
19:30頃宮入り
6:00宮出し
（出発!）
それぞれのルートへ
浅草寺
雷門
今回ふくもの隊は 千草町会にまぜて頂きます
さあっ トメさん エビスさん 行きますよっ
はぐれないでね
ドキッ
ドキッ
さぁいよいよ本番!! 担ぐお神輿が遠くに 見えてきました!

オイッサ
バカヤロー！
なんだてめー
オイッサ
後ろに並べー
コノヤロー
オイッサ
オイッサ
オイッサ
オイッサ
押すなー
オイッサ
押すんじゃねェ
きしゅうぎゅう
きしゅうぎゅう

こっくり
この中に入るの…？
カク カク
オイッサ
バカヤロー
押すなー
オイッサ
ぎゅう ぎゅう
オイッサ
こ… こわいよ…
思ってたのと かなり違う
さあっ
突入!!
はじかれないようにっ
わーっ

想像していたのは――
ワッショイ
ワッショイ
和気あいあい
次どうぞ～
秩序よくゆずり合い
実際は――
オイッサー
押すなー
オイッサー
バカヤロー
オイッサー
オイッサー
オイッサー
ぎゅうぎゅうぎゅうぎゅう
奪い合い!!
その荒波の中ににわか江戸っ子が放り出される
それっ今よっ入って!!
ドン!!
ザブン
ザブン
えいっ
入れてあげて
うう
ぎゅぎゅ
人におぼれないようにとにかく「担ぎ棒」を目指す
こっちー
オイッサー
オイッサー
オイッサー
オイッサー
担ぐ人はここから
浮輪
町会の神輿係
ハイ
にがしっ
ひとり入って、ひとり抜けるところてん方式
オイッサー
オイッサ
オイッサ
ぎゅう

なんとか「担ぎ棒」にたどり着き担ぐ!!
肩がイタイ
苦しい
オイッサ
ぎゅう ぎゅう ぎゅう
オイッサ
有無を言わさずまわりの人と一緒に上下に振られる
オイッサー
オイッサー
オイッサー
オイッサー
オイッサー
声を出さないと気を失いそう
大きな人の渦にのまれるトメ
何コレ!? この自分は何もできずにまわりにのまれていく感じ味わったことない!!
グワーッ
おー
おー
ピー
ピー

どどどどど
ぎゅうぎゅう
もしかして私
圧死する!?
その時、町会の神輿係が一斉に笛を吹き
ピピー
ピピー
お神輿をいったん止める
お神輿をたて直し
オイッサ
オイッサ
オイッサ
再び出発
ああもう限界
オイッサ
オイッサ
苦しい抜けよう
オイッサ
お神輿から離れる
オイッサ
オイッサー
オイッサー

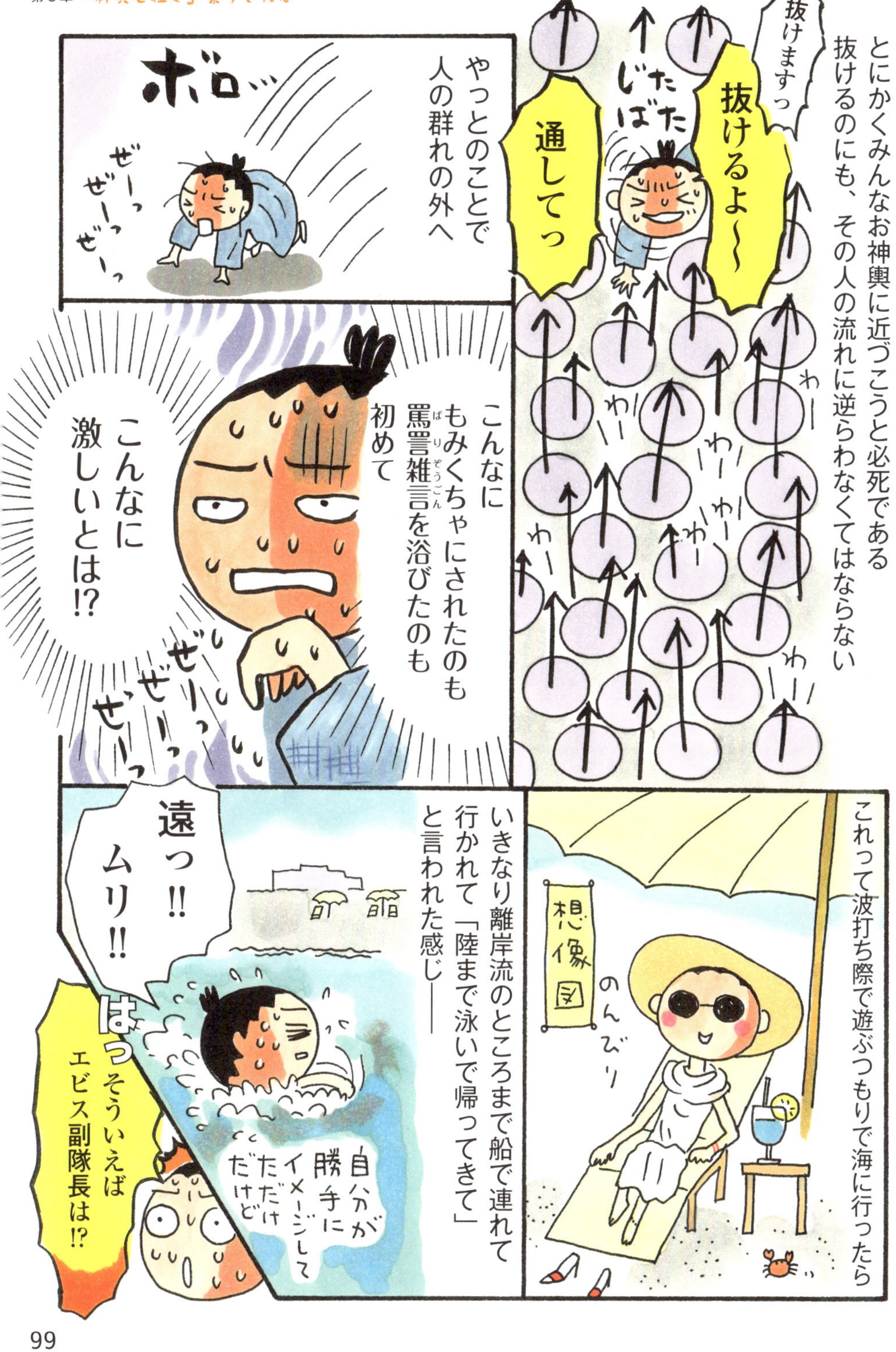
とにかくみんなお神輿に近づこうと必死である
抜けるのにも、その人の流れに逆らわなくてはならない
抜けますっ
抜けるよ～
じたばた
通してっ
わー
わー
わー
わー
わー
わー
わー
やっとのことで人の群れの外へ
ボロ…
ぜーっ ぜーっ ぜーっ
こんなに
もみくちゃにされたのも
罵《ば》詈《り》雑《ぞう》言《ごん》を浴びたのも
初めて
こんなに
激しいとは!?
ぜーっ ぜーっ ぜーっ
これって波打ち際で遊ぶつもりで海に行ったら
想像図
のんびり
いきなり離岸流のところまで船で連れて
行かれて「陸まで泳いで帰ってきて」
と言われた感じ――
遠っ!!
ムリ!!
自分が
勝手に
イメージして
ただけ
だけど
はっ
そういえば
エビス副隊長は!?

※エア担ぎ…本社神輿は男女区別なく担ぐのでこのようなことが多く起きる。

ごくごく
ごくごく
はぁ〜
キャ〜
生き返った!!
押されて死ぬかと
思った〜!!
見るのと
担ぐのとは
大違い〜
ん
見てても
激しかったよ〜
お祭りはいつも
そばにいる氏神様
(浅草神社)と
一体感を
味わえる日!!
私はダンナと
結婚してここに
来てから
担ぐようになったの
彼はここで
子供神輿から
担いでるから〜
三社祭はここで
生きる人にとっては
年に1度の
重大なイベント
正月より
大きいイベント
かも
ケガなくケンカなく
神様が落ちることなく
無事お神輿の渡御を
行うことが
町会の目標であり
誇りでもあるの
それによって
町ぐるみのおつきあいも
深くなるのよ

そういえば お神輿を 見る人の 中に
おじいさんの 遺影を 持ってる人が いたよ
きっと生前は お祭りを楽しんで らっしゃったん だね
オイッサー
オイッサー
オイッサー
オイッサー
1年の自分のイベントの中に 「お祭り」がある 人生…
神様の 渡御を 地元のみんなで 誇りを持ってするなんて
何だかウラヤマシイ…
その後、違う町会に まぜてもらって もう1度お神輿を担ぐ
だいぶお神輿に 近づくコツを覚える
オイッサ
オイッサ
オイッサ
オイッサ
オイッサ
日も暮れ、お祭りは クライマックスを迎える スカイツリーも 美しく輝く
オイッサー
オイッサー
オイッサー
オイッサー
オイッサー
オイッサー
オイッサー

本社神輿3基の宮入り
町中を回られた3柱の神様が
浅草神社へご還幸
南部町会の担ぐお神輿は
浅草寺の雷門からお帰りになる
オイッサー オイッサー
オイッサー
オイッサー
オイッサー
金龍山
雷
この時ばかりは「雷門」の大ちょうちんも
たたまれるのである
あちこちから
聞こえる三本締めの
拍手の音
パンパンパン。
パンパンパン。
パンパンパンパンパンパンパンパンパンパン
この達成感が
来年につながって
いくのか!!
私もちょっと
達成感
しかし
ちょっと
担いだだけ
なのに
疲れたねー
慣れないし
いや
まだ
担げそうだよ
ところが翌日
いったーい!!
カラダじゅう筋肉痛!!
祭り参加前は
ウォーミングアップ必須!!

おまけの祭りさんぽ

三社祭

来た〜!!

オイッサー

オイッサー

オイッサー

浅草神社にお参り

揚げまんじゅう

人形焼き

地元で見つけたふくもの

ふくこい〜

地元スウィーツ!

招き猫@今戸神社

ホットケーキ

どれにしよう

このポシェットに
小銭を入れて
祭りに参戦

でも スマホを入れたら
押されて壊れそう…

たたまれた雷門の
大ちょうちん

祭りちょうちん〜!!

移動
おさいせん箱

もうすぐ
お神輿が
来ますよ

トメ
担ぐ前 まだ余裕あり

ビール
サーバー!!

三社祭を10倍楽しむふくな情報

三社祭って？

100基余りのお神輿が渡御 江戸っ子たちの晴れ舞台

三社祭は、東京都台東区に鎮座する浅草神社の例大祭です。起源は700年以上前にさかのぼり、神田祭《かんだまつり》（P108）、山王祭《さんのうまつり》とともに、江戸三大祭りのひとつに数えられています。

開催日は5月半ばの3日間。初日には田楽の一種である「びんざさら舞」を奉納し、五穀豊穣や商売繁盛、子孫繁栄を願います。2日目は氏子が構成する44ヶ町会それぞれの町会（大人）神輿、子供神輿が渡御します。浅草一帯を散策しつつ、お神輿や装束を見比べるもよし、ひとつの町会神輿に狙いを定めてともに歩くもよし。自分なりに祭りさんぽをアレンジできるのも三社祭の魅力です。

クライマックスは3日目。浅草神社に祀られる3柱の神様の神霊を遷《うつ》した本社神輿3基が、各町会を渡御します。担ぎ手の呼吸とリズムを合わせるために威勢よくかけ声をかけ、1tもある巨大なお神輿を激しく揺らすのは、神様の力を高めるため。氏子たちに担がれながらパワーアップした神々が各町会を見回り、その威光を振りまくのです。

3日間の人出は150万人以上。近年では外国人観光客も多く訪れ、東京、そして日本を代表する神輿祭りとしておおいに盛り上がります。

DATA

- ●開催日
  5月17・18日に近い金曜日～日曜日
- ●開催地
  東京都台東区
- ●神社
  浅草神社
- ●ご利益・祈願
  五穀豊穣・商売繁盛など

ふくもの隊の 祭りのポイント

その1 江戸情緒と現代ニッポンのMIX感が楽しい！

本社神輿と町会神輿の中には、雷門をくぐり各町会へと向かうものがあります。細い路地では身動きが取れなくなる場合もあるため、東京スカイツリーも眺められる雷門前がオススメ。日本の伝統とテクノロジーを同時に実感できるスポットです。

その2 2日目 町会神輿の大集合は圧巻！

2日目の正午頃、浅草寺本堂裏の広場にすべての町会神輿と子供神輿が参集し、お祓いを終えたあと、次々と渡御します。気合いのみなぎる担ぎ手たちが集うさまは大迫力です。

その3 お祭りフードでお腹いっぱい大満足！

浅草寺本堂脇と裏の広場には屋台がズラリ。焼きソバ、お好み焼き、りんご飴といった定番はもちろん、佐世保バーガーなどの地方グルメ系、シュラスコやトッポギなどのインターナショナル系とバラエティ豊かです。

浅草神社のホームページで本社神輿が渡御する時間とルートをチェックできます

まだまだある！

ふくもの隊オススメ

神輿の祭り

神様の乗り物であるお神輿を担ぐお祭りは、「神幸祭《しんこうさい》」とも呼ばれます。威勢のよいかけ声とともに激しく揺らしたり、お神輿をぶつけ合ったりするものも。お神輿を荒々しく扱うことで神様が若返り、パワーアップすると考えられています。

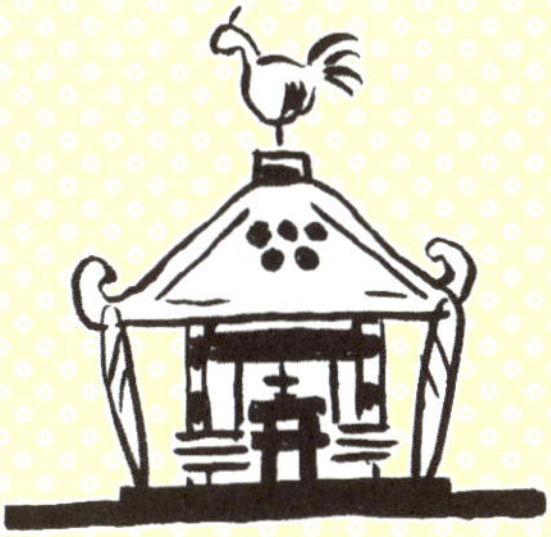

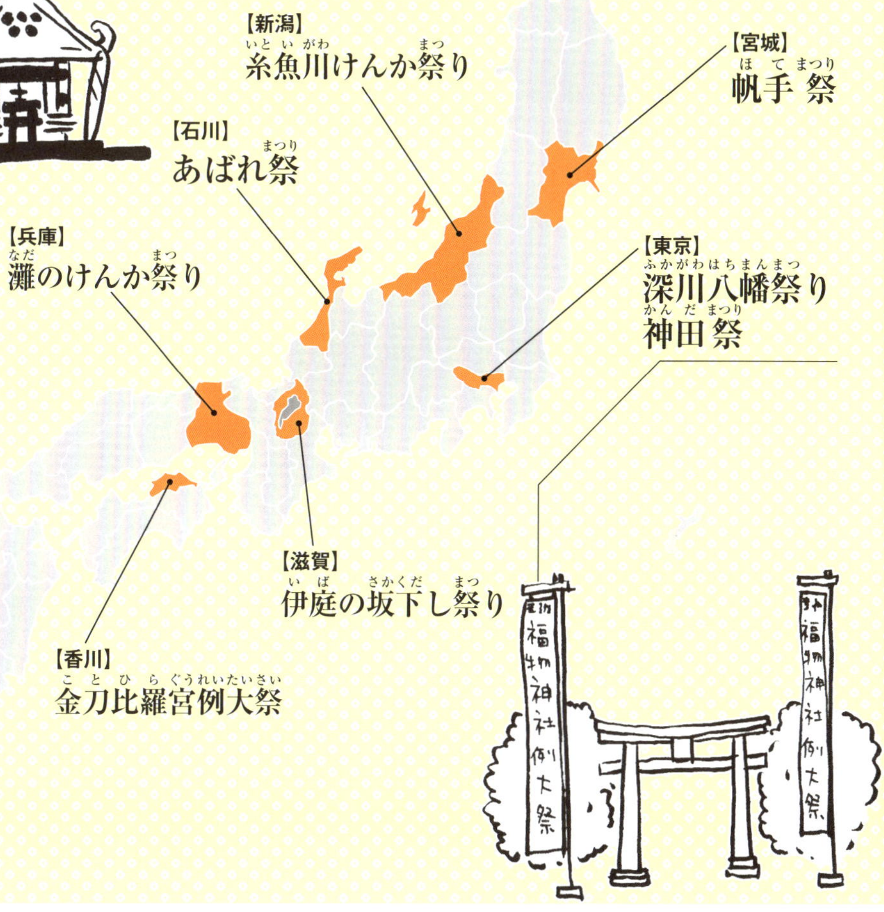

【宮城】
帆手祭

鹽竈《しおがま》神社の火伏せ（火災防止）のお祭りです。白装束の氏子たちに担がれた重さ1tのお神輿が、202段の石段を下り塩竈市内を巡幸します。8時間後「エイヤ！」のかけ声の中、石段を上りお神輿が還御。日本三大荒神輿のひとつです。

【東京】
深川八幡祭り

富岡八幡宮の例祭です。3年に1度の本祭りでは、大小120基の町神輿のほか、八幡宮の御鳳輦《ごほうれん》（鳳凰《ほうおう》を飾ったお神輿）が渡御《とぎょ》します。別名「水かけ祭」。お神輿や担ぎ手には清めの水が豪快にかけられます。

【東京】
神田祭

三社祭、日枝《ひえ》神社の山王《さんのう》祭《まつ》りと並ぶ、江戸三大祭りのひとつ。東国の英雄、平《たいらの》将門《まさかど》を祭神の1柱とする神田明神（神田神社）の祭礼で、2年に1度の本祭では200基以上のお神輿が都心を渡御します。

【新潟】
糸魚川けんか祭り

正式祭名は「天津《あまつ》神社《じんじゃ》春大祭《はるたいさい》」。五穀豊穣や大漁、子孫繁栄を願い、町内渡御を終えた一の神輿と二の神輿を激しくぶつけ合い、「けんか」を行います。その後、神事を経て舞楽を奉納。けんかの動と舞楽の静で、神様をもてなします。

【石川】
あばれ祭

暴れれば暴れるほど喜ぶと伝わる、能登町の八坂神社に鎮座する神様のための祭礼です。2基のお神輿を水中や火中に放り込み、町の繁栄を祈願します。

【滋賀】
伊庭の坂下し祭り

繖山《きぬがさやま》の山腹にある繖峰《さんぼう》三《さん》神社から麓《ふもと》の大鳥居まで、3基のお神輿を氏子の若衆が引きずり下ろします。急《きゅう》峻《しゅん》な岩場に男たちのかけ声が響く、手に汗握る大迫力のお祭りです。

【兵庫】
灘のけんか祭り

3基のお神輿を荒々しくぶつけ合う様子は勇壮そのもの。数ある「けんか祭り」の中でも最大級といわれる松原八幡神社の例大祭です。

【香川】
金刀比羅宮例大祭

「こんぴらさん」の愛称で知られる金刀比羅宮の神《み》幸《ゆき》は夜に行われます。約500名のお供を従えたお神輿は785段の石段を下り、お旅所へと向かいます。

第4章

ふくもの隊「行ってみたかった！」祭りさんぽ

※竜頭鷁首…竜と鷁（想像上の水鳥）の首を彫刻した二隻一対の船。

※平清盛…1118（元永1）年～1181（養和1）年。平安末期の武将。厳島神社社殿の大造営を行った。

※御鳳輦（ごほうれん）…屋形の上に金銅の鳳凰（ほうおう）がついたお神輿。

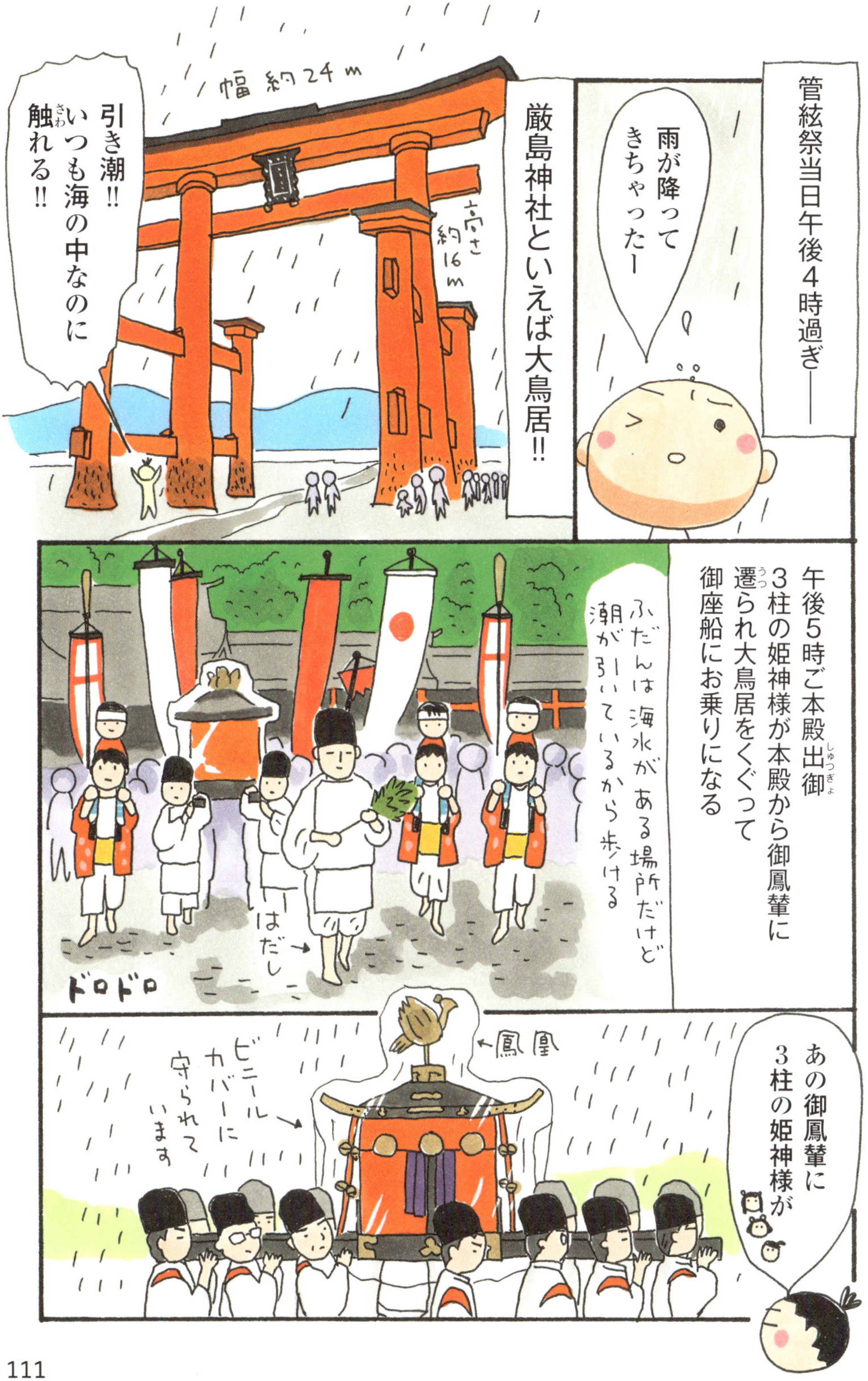
管絃祭当日午後4時過ぎ――
雨が降ってきちゃったー
厳島神社といえば大鳥居!!
幅 約24m
高さ 約16m
引き潮!! いつも海の中なのに触《さわ》れる!!
午後5時ご本殿出御《しゅつぎょ》 3柱の姫神様が本殿から御鳳輦に遷《うつ》られ大鳥居をくぐって御座船にお乗りになる
ふだんは海水がある場所だけど潮が引いているから歩ける
はだし
ドロドロ
あの御鳳輦に3柱の姫神様が
鳳凰
ビニールカバーに守られています

※阿賀村…現在の広島県呉市阿賀町。

※江波村…現在の広島県広島市中区江波地区。

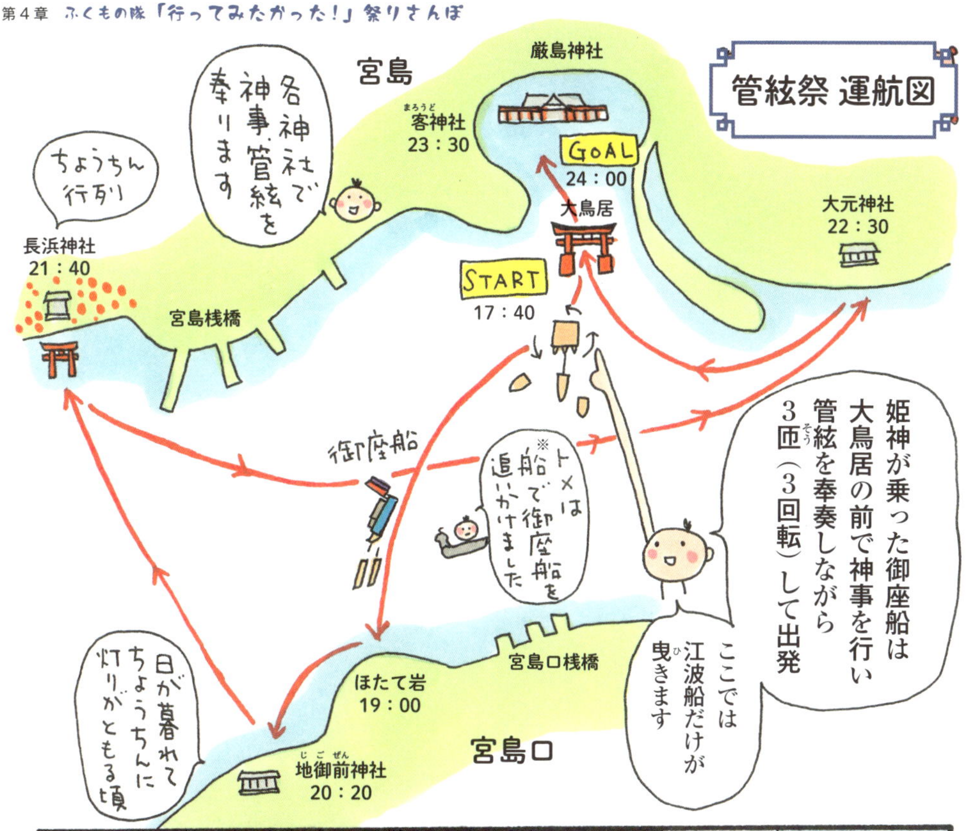

※船…宮島観光協会が主催、運航するお供船。

あまりに美しい「十七夜の月」
平安時代の人たちも同じ月を見てたのかな?
管絃祭の日時を旧暦の6月17日としたのは御座船が各神社にもっとも近づくことができる大潮の日だから
そして満月に近い月が海を明るく照らすためといわれています

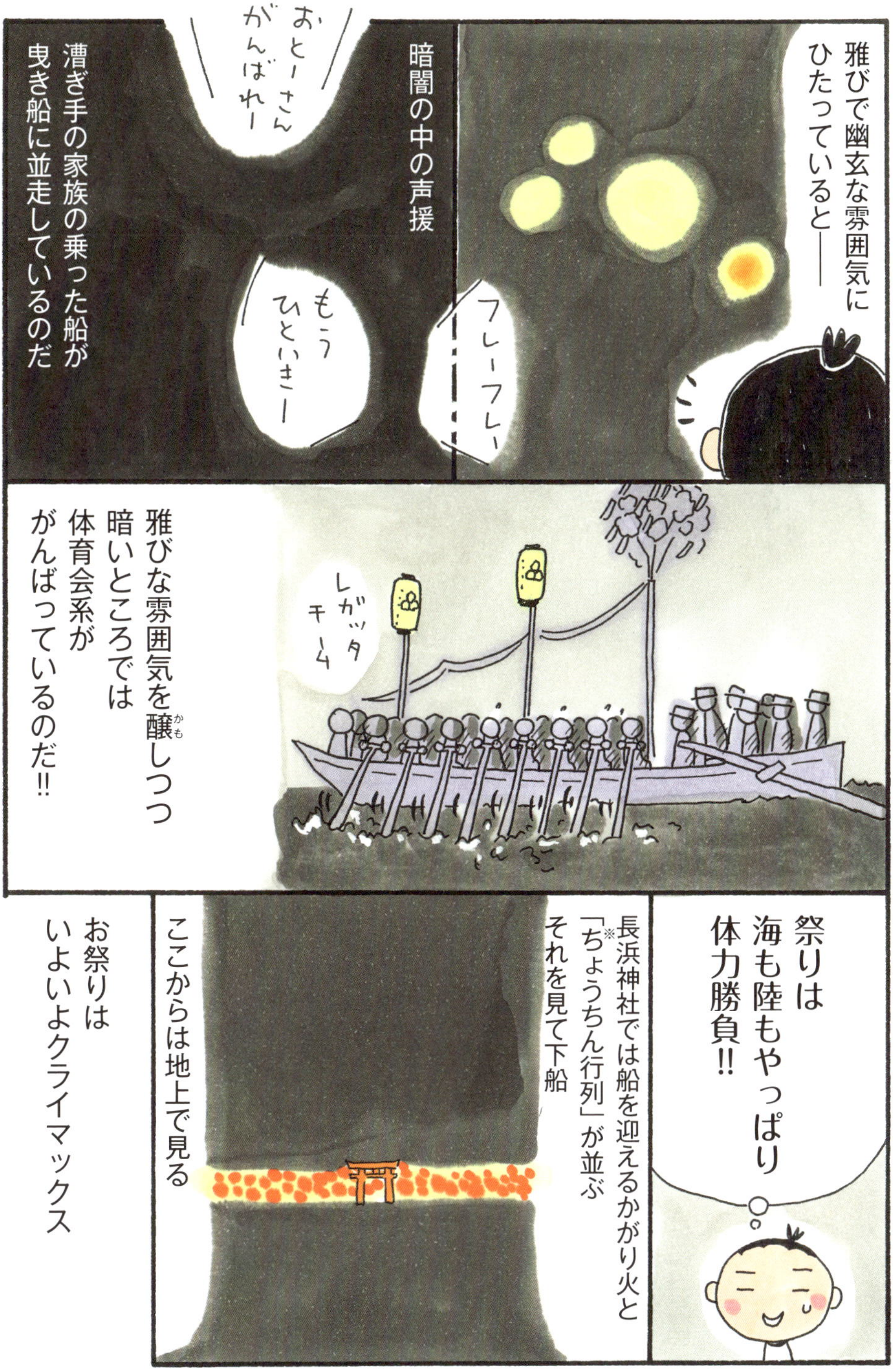

※ちょうちん行列…宮島観光協会が主催するイベント。無料で配られるちょうちんを手に、見物客が御座船を出迎える。

※枡形（ますがた）…客神社祓殿（はらいでん）と東廻廊とで囲まれた場所。

3柱の姫神様も本殿におもどりに
でも参拝客は帰ろうとしません
面白かったねー
元気出たわー
一時的に御鳳輦のてっぺんからはずされた鳳凰を触ると幸運に恵まれるといわれているのです
阿賀の人が持って走り回る
キャー触らせて
キャーッ
さらに興奮のるつぼ!!
こっちも!
トメもしっかり触った
こっち来てー
深夜12時まわってます
翌朝はすっかり静寂を取りもどした宮島
姫神様たちは毎年お祭りを楽しみにしてらっしゃるんだろうな…
楽しかったもんな…
鹿もお疲れ
夜もふけて役目を終えた江波の人々は船を漕いで帰路についたそうです
どこまで体育会系!!
レガッタチーム
直線距離で10km以上!!

おまけの
祭りさんぽ
管絃祭

地元で見つけた
ふくもの

ごはん たくさん つげる！

しゃもじもでかい!!

撮影：新谷 孝一

宮島の象徴 大鳥居と御座船を曳く 江波の船

今日は ヒトが多いなー！

牡蠣

あなごめし

揚げもみじ（まんじゅう）

大人気!!

管絃祭を10倍楽しむふくな情報

管絃祭って？

雅楽の調べとともに姫神たちが海を渡る

毎年旧暦6月17日に行われる管絃祭は、厳島神社（広島県）最大の神事として知られています。「管絃」とは、舞のない雅楽のこと。笛や太鼓、琵《び》琶《わ》など、数種類の雅楽器を用いて合奏するもので、10世紀（平安時代後期）頃に成立したと考えられています。

厳島神社の社殿を造営した平清盛は、この管絃と貴族の船遊びを持ち込み神事としました。海の守り神であり、厳島神社の祭神である「宗像三女神（市杵島姫命・田心姫命・湍津姫命）」を慰めるために管絃祭は始められたのです。

かつては管絃を奏する船が厳島神社と摂社・末社を回るのみでしたが、明治期からは女神たちの神霊を乗せた御鳳輦が管絃の調べとともに海を渡る、海上渡御のお祭りとなりました。

管絃祭は午後4時から始まり、日付が変わる頃まで続きます。潮の満ち引きに合わせて御鳳輦を乗せた御座船が移動を繰り返すため、一緒に動くか、先回りしておく必要があります。ともに海を行く場合は観光船を利用しましょう。

また、摂社・地御前神社前には屋台が並び、お祭りムード満点。同じく摂社の長浜神社ではちょうちんが配布され、御座船を迎えるイベントも行われます。

DATA

●開催日
旧暦6月17日
●開催地
広島県廿日市《はつかいち》市
●神社
厳島神社
●ご利益・祈願
海上安全・豊漁など

ふくもの隊の祭りのポイント

その1　観光船で神様とともにナイトクルーズ！

御座船と御座船を曳航する和船の様子は、陸地からはすぐに見えなくなってしまいます。宮島観光協会ではチャーター船を用意。優雅な管絃祭の様子を間近で楽しめます。予約受付は管絃祭の2か月前から。地御前神社から長浜神社へ向かう御座船にお供する「Bコース」は競争率が高く、早めの予約が吉。

その2　宮島名物でお腹にも幸せを！

牡《か》蠣《き》、あなごめし、もみじまんじゅうと、宮島には美味なる名物が盛りだくさん！　8時間以上、深夜にまで及ぶ長丁場のお祭りですから、タイムスケジュールを確認しつつ、しっかりとエネルギー補給をしましょう。

その3　水濡れOKな履物で神様をお見送り！

神様たちが御座船に乗り込む神事、「御本殿出御」を見るならば、足元は濡れてもいい履物で。干潮時とはいえ潮だまりがあります。

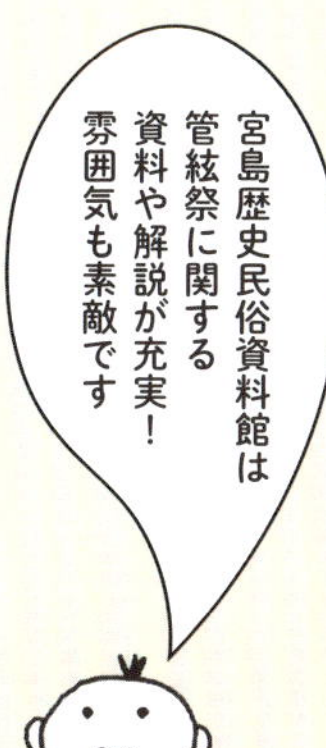
宮島歴史民俗資料館は管絃祭に関する資料や解説が充実！雰囲気も素敵です

裸坊祭・防府天満宮の始まり

※菅原道真（すがわらのみちざね）…845（承和12）年～903（延喜3）年。天神信仰の神社の祭神であり、「菅公（かんこう）」「天神さん」などの名前でも親しまれている。

道真の死から約100年後
都から勅使《ちょくし》が
防府天満宮に遣《つか》わされ
勅使《ちょくし》降祭《こうさい》が行われた
無実とする
この「知らせ」を
どんなに道真公は
待ち続けたか!!
ぱぁぁ…
裸坊祭《はだかぼうまつり》で行われる神事は
この再現である
「裸坊」って
どのくらい
裸
なのかな？
授業で
使う写真は
モザイク必要かしら
ドキドキ
ワクワク
「裸坊」って
いうくらい
だからねぇ
でも公衆の
面前だから
ふんどし一丁
くらいは――
妄想
だよねー警備で
警察がたくさん
来るしねー
こんな感じかな？
真冬の裸の男たちの
おしくらまんじゅう!!
ぎゅう
ぎゅう
もわ～
ぎゅう
さて 実際は――
カメラが
くもりそ

※裸坊（はだかぼう）…一般奉仕者。江戸時代の頃は、裸だったという説もある。

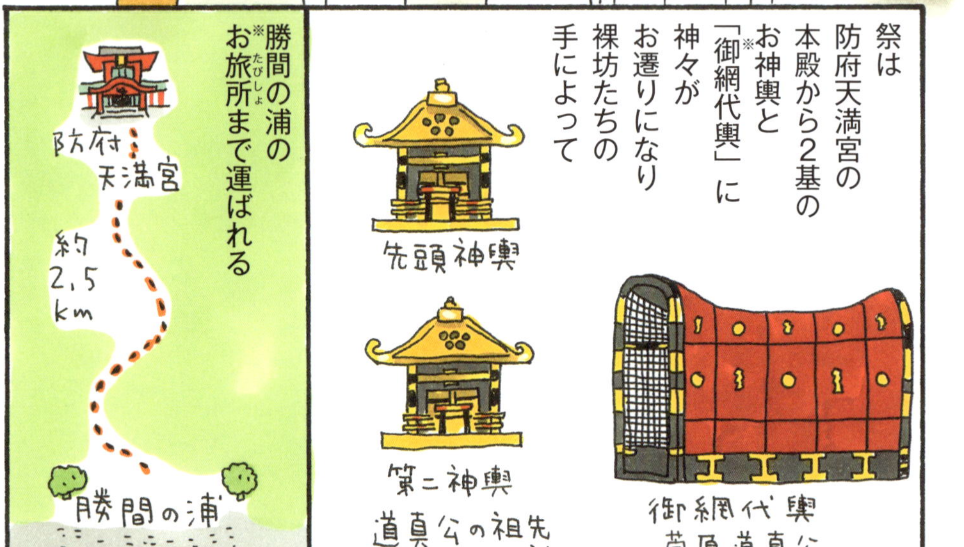

※お旅所（おたびしょ）…神々の乗ったお神輿が立ち寄り、とどまる場所。

※御網代輿（おあじろこし）…平安貴族の乗り物である網代車（あじろぐるま）の車箱を車台から離したもの。

※御発輦…神々の乗った御網代輿をはじめとするお神輿が拝殿からお出ましになること。
※兄弟ワッショイ…初対面の人たちが兄弟のようにココロをひとつにするためのかけ声。

そして怒号の中
参道の58段の石の階段を
滑り下りる!!
ドオオオ…
兄弟ワッショイ
兄弟ワッショイ
兄弟ワッショイ
兄弟ワッショイ
ワァァ!!
人がはじけ飛んでるっ!!
人間が角砂糖に群がるアリのよう
下りたところで車台に載せられる
引けーっ
押せーっ
オラー
とにかく重いから大変!!

※牛…裸坊祭には「神牛」がお供する。牛は菅原道真のお使い。

ここで「浜殿神事《はまどのしんじ》」を行う
勅使降祭以来毎年道真公に「無実が証明された」ことを祝詞《のりと》にてお伝えするのである
御網代輿の御発輦が「動」ならここでの神事は「静」
お祭りとは神様に喜んで頂くためのもの
道真公がいちばん嬉しかった瞬間の再現です
パチパチ
亡くなったあとだったからねー
道真公は大宰府に流される途中、港に寄るたびに「無実の知らせ」を待ちわびた
本州最後の地、防府を旅立つ時はどれほど悲しく悔しかったか
無実が証明されて
ホントによかったですね
この間に裸坊たちは焚火で暖をとる

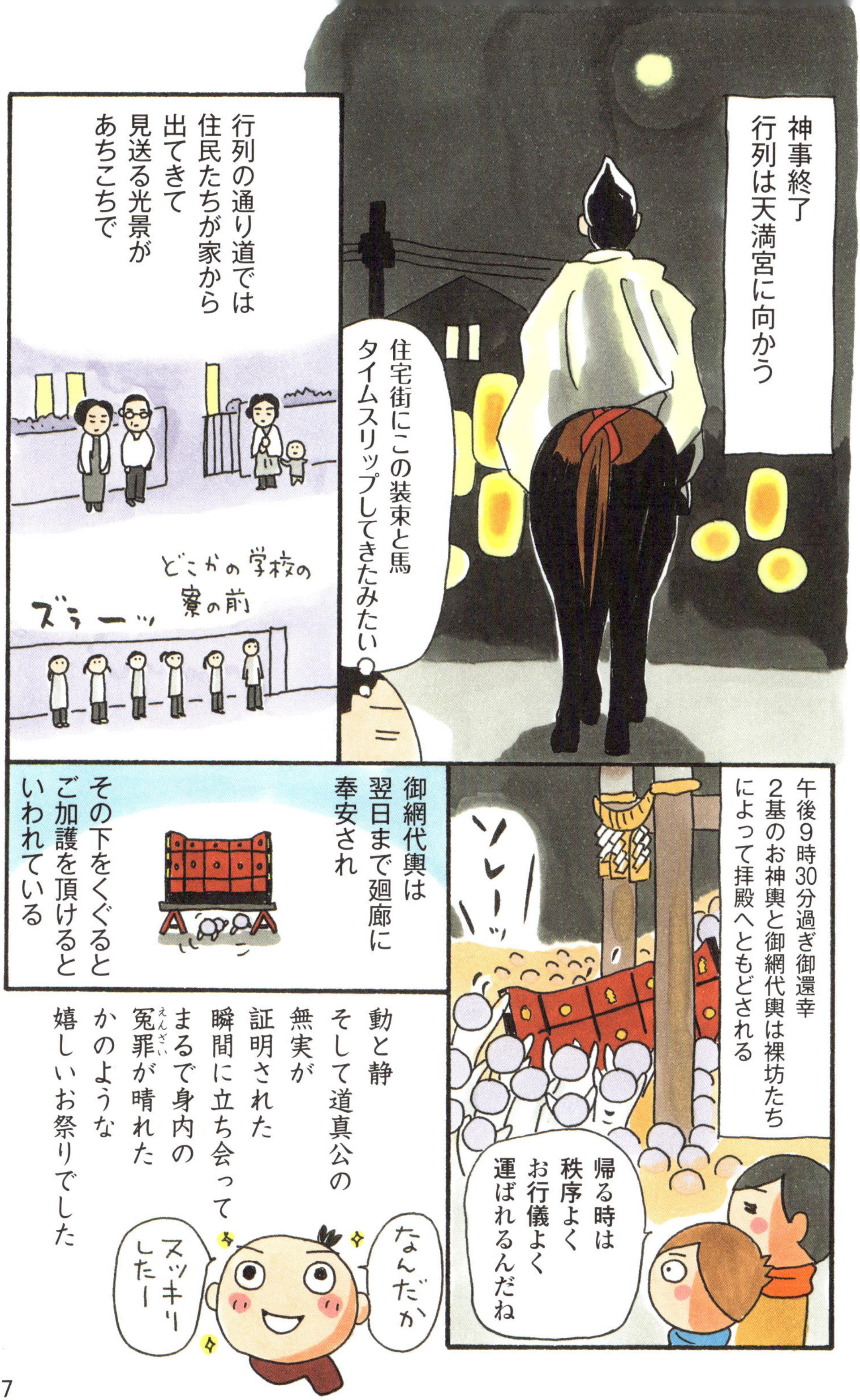
神事終了
行列は天満宮に向かう
住宅街にこの装束と馬タイムスリップしてきたみたい
行列の通り道では住民たちが家から出てきて見送る光景があちこちで
どこかの学校の寮の前
ズラーッ
午後9時30分過ぎ御還幸
2基のお神輿と御網代輿は裸坊たちによって拝殿へともどされる
ソレーッ
帰る時は秩序よくお行儀よく運ばれるんだね
御網代輿は翌日まで廻廊に奉安され
その下をくぐるとご加護を頂けるといわれている
動と静
そして道真公の無実が証明された瞬間に立ち会って
まるで身内の冤罪《えんざい》が晴れたかのような嬉しいお祭りでした
なんだか
スッキリしたー

おまけの

祭りさんぽ

裸坊祭

兄弟ワッショイ

兄弟ワッショイ

大行司さん

当日限定の御朱印

境内のお茶室・芳松庵

ホッとひといき

参道で売ってるむしまんじゅうホカホカ

地元で見つけた

ふくもの

「仲間」という意味 →

兄弟ワッショイ

兄弟ワッショイ

ウツクシイ

宮司さんが乗る白馬

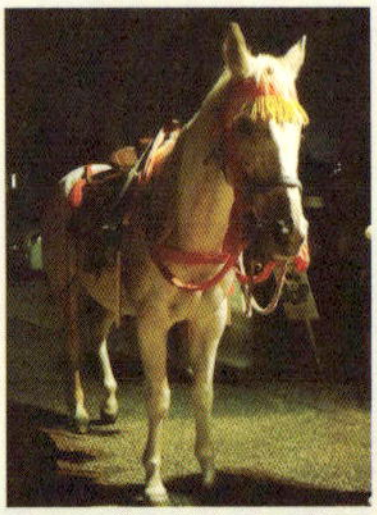

参道の階段を滑り下りる〜!!

梅鉢の紋 清浄のシルシ

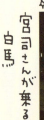

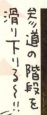

裸坊祭を10倍楽しむふくな情報

裸坊祭って？

5千人の男たちが巨大神輿に群がる

裸坊祭は、防府天満宮（山口県）の神幸祭です。主祭神である菅原道真公は無実であった、と認める天皇の勅使が同宮に遣わされたことを奉告・再現します。3基のお神輿に、菅原道真公をはじめとする祭神の神霊を遷し、勅使の降り立った勝間の浦まで渡御。神事を経て、再び天満宮へともどります。

祭名にもなっている「裸坊」とは、お神輿を運び、警固役を務める男性奉仕者のこと。県内はもちろん、近畿、九州からも崇敬者が集まり、その数は5千人にものぼります。清浄の証となる梅鉢紋《うめばちもん》のスタンプを押した白装束が、裸坊のトレードマークです。

裸坊たちが拝殿からお神輿を担ぎ出し、参道の石段を滑り下りる様子は息をのむほどの迫力を誇ります。また、勝間の浦から石段の下へともどり、「兄弟、ワッショイ！」のかけ声とともに巨大なお神輿を拝殿内に引き入れ終えた瞬間は、境内が安堵と歓声に包まれます。

菅原道真公は、周防国《すおうのくに》（山口県）を旅立つ日、「身は筑《ちく》紫《し》にて果てるとも、魂魄《こんぱく》は必ずこの地に帰り来《きた》らん」と誓ったと伝わっています。だからこそ千年の時を経てなお、裸坊たちが菅原道真公を守り、慰め続けているのです。

DATA

●開催日
11月第4土曜日
●開催地
山口県防府市
●神社
防府天満宮
●ご利益・祈願
心願成就・学業成就

ふくもの隊の祭りのポイント

その1 境内の廻廊から御発輦を見よう！

菅原道真公の神霊が乗る御網代輿をはじめ、3基のお神輿が拝殿から出る御発輦を見るには、境内の廻廊がベストポイントです。

その2 勝間の浦まで裸坊と歩こう！

58段の石段を滑り下りたあと、御網代輿は車台に仕立てられ、ほか2基のお神輿は裸坊に担がれ、勝間の浦へと向かいます。その道行きは約2・5㎞。裸坊たちの足並みを揃えるための笛と「兄弟、ワッショイ！　兄弟、ワッショイ！」のかけ声が響き渡る中、神幸行列の後ろをついていきましょう。

その3 防府天満宮の茶室で侘びの世界も満喫！

お祭り前には防府天満宮の境内にある茶室「芳松庵《ほうしょうあん》」で休憩を（拝観料500円）。抹茶やお菓子を頂きつつ風雅な日本庭園を眺めれば、裸坊祭の荒々しさとは対極の世界観を味わえます。

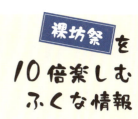

菅原道真公のお使い
「神牛」も
行列に参加しています
見つけたらラッキー！

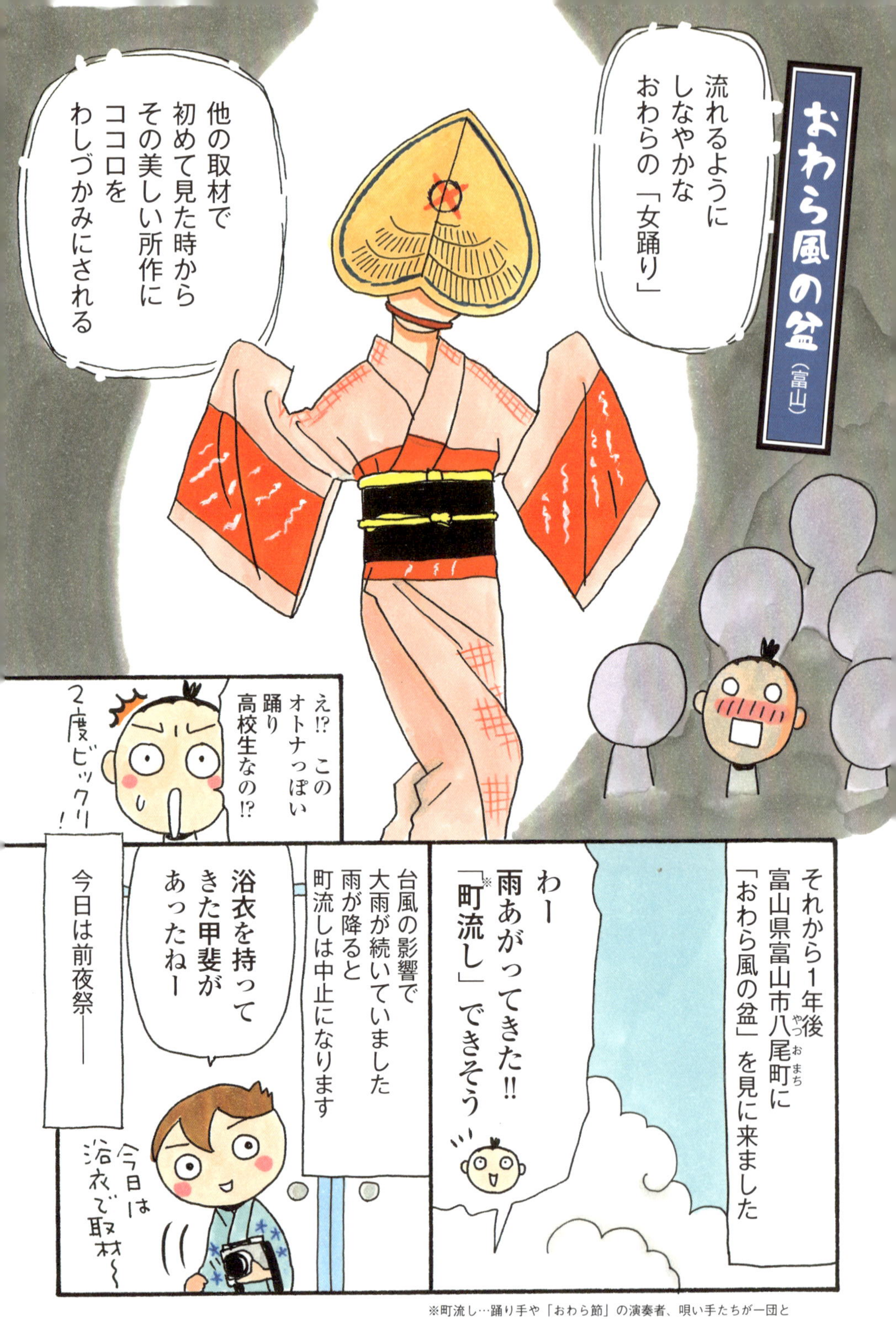

※町流し…踊り手や「おわら節」の演奏者、唄い手たちが一団となり、唄い踊りながら町内を流すこと。

※二百十日（にひゃくとおか）…立春から数えて210日目。
現行の暦では９月１日頃となる。

※踊り方…おわら踊りには「男踊り」「女踊り」「豊年踊り」の3種類がある。農作業の仕草が入るのは豊年踊り。

最後に舞台でおわら踊りの実演
浴衣はキレイな色なのに何で帯はまっ黒なの？
何でも喪服の帯を着用した名残だとか喪服はどの家にもあるからって
帯まで予算が回らなかったらしい
こぶではない
そして踊り手は25歳で引退なんだって
25歳までってーいちばんキレイな時だなー
いいとこどり
フフフ
ステージ終了いよいよ町流しが始まる
町流しってどんな感じなんだろ？
みんなについていこう！
町の中はぼんぼりが灯り幻想的に
そこに人だかりが
あっ

※地方（じかた）…おわら節を唄う「唄い手」、囃（はや）す「囃子（はやし）」、「三味線」「胡弓」「太鼓」の演奏者のこと。

大きいおねえさんたちと一緒に
小さい子たちも踊る
編笠をかぶるのは
中学生から
4歳ぐらいの子
あんな小さな子も!
もう夜8時過ぎてるから
眠いよねぇ
いがぐり頭の
小学生男子も踊る
まじめに踊っていると
思いきや
コッ
だよー
ちょっかい出したり
ふざけたり
もう
男子って
ヤツはー!!
小さい時からおわらを踊る
おにいさん、おねえさんを見ている
この子たち
ごく自然におわらを
踊り続けるんだろうなぁ
1曲
終わったあと
そーれっ

突然始まった
威勢のいい囃子唄《はやしうた》
どっこいさーのさーー
ねーちゃんねーちゃん
かんざし落ちたよー
ウソだよウソだよ
その顔見たさにー
シャン
シャン
そーれっ
そーれっ
さっきまでの
しっとりとした
世界はどこに!?
シャン
ザッ
ザッ
この「囃子唄」は
踊り手たちが
移動する時に
景気づけで
囃すそうです
シャン
シャン
そーれっ
そーれー
学校の
部活の
雰囲気
だよっ
まあ
これが彼らの
素《す》だよね
小さい子は
歌詞の意味
わかんないよね
途中で休憩が入り
編笠をとると あどけない
中学生
地方のオトナの
みなさんは
お店で1杯
午後9時過ぎから輪踊り
誰でも参加
できます

さっき習ったことをさっそく実践！
そらきたっ
浴衣だとにわかおわらでも雰囲気出るねー
さすが和服
あの人すっごいうまい
きっと踊り手OGだ
おわらは人に見せるためのものではなく
自分たちのために踊るものと聞いたことがある
いろんな人がひとつの輪になって踊る
淡いぼんぼりのあかりの中優美で静かな時間がゆっくり流れていきます
来年もまた来たいねー

おまけの
祭りさんぽ
おわら風の盆

「おわら踊り」のステージ
おわらのことがよくわかる

石垣の町並み

男女の踊りのコンビネーションCool!

昼間の町歩きもいいのです

地元で見つけた
ふくもの

和紙も有名

ネコがついたマップ

しっとり
うっとり

地元メシ
ます寿司
日本酒に合う～!

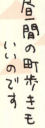

おわら風の盆を10倍楽しむふくな情報

おわら風の盆って？

風を鎮め、豊作を祈願する胡弓の音色と優雅な踊り

立春から数えて210日目の「二百十日」は、新暦では9月1日頃にあたります。二百十日は台風によって強風が吹くことが多く、昔から風の厄日とされてきました。

9月1日～3日に本祭が行われる「おわら風の盆」は、風を鎮《しず》め、豊作を願う民謡行事です。ぼんぼりが照らす風情ある町並みを舞台に美しく舞う踊り手、切なく響く胡弓と三味線、おわら節の唄声と節回しに魅了される人々も多く、「日本でいちばん美しい夜祭り」とも称されています。

一説には江戸時代の元禄期から始められたといわれ、300年にわたり八尾町の人々が守り伝えてきました。「おわら」の語源には、かつておもしろおかしく歌い踊っていたことを伝える「大笑い節」や豊作を願う「大藁《おおわら》」が挙げられるそうです。

このお祭りの特徴でもある胡弓は、明治時代の終わり頃から用いられるようになりました。三味線とともに湿気に弱いため、雨が降るとたとえ小雨でも中止となります。

八尾町の人口は2万人余りですが、風の盆の期間中は30万人もの見物客が訪れます。宿泊先の確保も難しいため、8月20日～30日にかけて行われる前夜祭を楽しむのもオススメです。

DATA

●開催日
8月20日～30日（前夜祭）
9月1日～3日（本祭）

●開催地
富山県富山市八尾町

●ご利益・祈願
風鎮・五穀豊穣

ふくもの隊の祭りのポイント

その1　「おわら」がテーマの作品でどっぷり世界にひたろう！

類を見ない優雅さから、おわら風の盆は多くの文学、マンガ、ドラマ、映画などで描かれてきました。なかでも有名なのは、1985（昭和60）年に発表された小説『風の盆恋歌』（高橋治）。のちにドラマ化もされ、このお祭りが広く知れ渡るきっかけとなりました。

その2　争奪戦必至、まずは宿を確保！

八尾町内には数軒の宿泊施設しかないため、宿泊先を確保するのは至難の業。富山市中心部や高岡市など近隣市まで範囲を広げましょう。旅行会社主催の見学ツアーに参加するのもひとつの手です。

その3　雨天時の対応もあらかじめ決めておこう！

前夜祭、本祭に関わらず雨天中止となった場合の心づもりと対策を。曳山《ひきやま》展示館やおわら資料館を回ったり、諏訪町の古い町並みを散策したりしてみては。

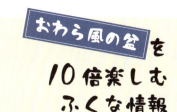

小玉ユキさんによるマンガ『月影ベイベ』を読めばおわらだけでなく八尾町のこともわかります！

祭りカレンダー

ふくもの隊が訪れたお祭りと、オススメのお祭り（P41〜・P85〜・P107〜）を開催日順に並べました。気になるものをチェックして、いざ、祭りさんぽへ！（開催日は変更される場合があります）

開催日	祭名	開催地	概要・見所
3月10日	**帆手祭** ほてまつり	宮城県塩竈市（鹽竈神社）	氏子に担がれ急峻な階段を下ったお神輿が塩竈市内を渡御する。1tのお神輿は珍しい八角形。
4月第1土・日	**犬山祭** いぬやままつり	愛知県犬山市（針綱神社）	登場する13基の車山は、「犬山型」と呼ばれる3層構造。からくり人形を備え、からくりを針綱神社に奉納する。
4月9日〜17日	**長浜曳山まつり** ながはまひきやままつり	滋賀県長浜市（長濱八幡宮）	曳山を舞台に毎年新しい演目の子供歌舞伎が上演される。5歳〜12歳の男児が武士や姫様に扮し、芝居や舞を奉納する。
4月10日〜11日	**糸魚川けんか祭り** いといがわけんかまつり	新潟県糸魚川市（天津神社）	「けんか」と称して「一の神輿」と「二の神輿」を激しくぶつけ合い、その結果によって豊凶を占う。
4月14日〜15日	**山王祭** さんのうまつり	岐阜県高山市（日枝神社）	きらびやかな屋台が練り歩く「高山祭」の春季恒例祭。初日には数百名の大行列が組まれ、お神輿とともにお旅所へと向かう。
5月1日	**高岡御車山祭** たかおかみくるまやままつり	富山県高岡市（高岡関野神社）	江戸時代から受け継がれる御車山には、金細工、漆塗り、織物など、当時の職人たちのすぐれた技による装飾が施されている。
5月3日〜4日	**博多どんたく港まつり** はかたどんたくみなとまつり	福岡県福岡市	福岡市民3万人が参加する大パレード。200万人の観客が訪れ、飛び入り参加も可能。「総踊り」はしゃもじを持って踊るのが特徴。
5月4日	**伊庭の坂下し祭り** いばのさかくだしまつり	滋賀県東近江市（繖峰三神社）	全長約500mに及ぶ断崖絶壁をものともせず、3基のお神輿を引きずり下ろす勇壮なお祭り。

隔年5月15日（を中心とする6日間）	**神田祭**《かんだまつり》	東京都千代田区（神田神社）	神田、日本橋、秋葉原、大手町など、日本経済の中枢地を200基以上のお神輿が渡御する。本祭は2年に1度、西暦の奇数年に開催。
5月17・18日（に近い金・土・日）	**三社祭**《さんじゃまつり》	東京都台東区（浅草神社）	大小100基余りの町会神輿、3基の本社神輿が浅草一帯を渡御する。江戸っ子の象徴ともいえるお祭り。
6月（上旬の5日間）	**YOSAKOIソーラン祭り**《よさこいそーらんまつり》	北海道札幌市	高知県の「よさこい祭り」と北海道の民謡「ソーラン節」を融合して誕生したダンスフェスティバル。
旧暦6月17日	**管絃祭**《かんげんさい》	広島県廿日市市（厳島神社）	厳島神社の祭神の神霊を遷した御座船が海を渡る「海上渡御」のお祭り。御座船では管絃（雅楽）が奏でられる。
7月1日～15日	**博多祇園山笠**《はかたぎおんやまかさ》	福岡県福岡市（櫛田神社）	重さ1tの山笠を担いだ男たちが博多の街を駆け抜ける「追い山」がクライマックス。市内各地に奉安される「飾り山」も見事。
7月1日～31日	**祇園祭**《ぎおんまつり》	京都府京都市（八坂神社）	1か月にも及ぶ祭礼のハイライトは、7月17日と24日の「山鉾巡行」。「動く美術館」とも称される山鉾が曳き回される。
7月第1金・土	**あばれ祭**《あばれまつり》	石川県鳳珠郡能登町（八坂神社）	2日目の夜には文字通り、男たちが大暴れ。燃えさかるお神輿を担いで走り回ったり、水の中に放り込んだりする。
7月中旬～9月上旬	**郡上おどり**《ぐじょうおどり》	岐阜県郡上市	開催期間中のべ32夜、日本三大民謡のひとつである「郡上節」に合わせて、老若男女が盆踊りを楽しむ。
8月1日～4日	**盛岡さんさ踊り**《もりおかさんさおどり》	岩手県盛岡市	目玉は市街地で行われる、太鼓・笛・唄・踊り手による大パレード。太鼓の音が響き渡る。
8月2日～7日	**青森ねぶた祭**《あおもりねぶたまつり》	青森県青森市	「ハネト（跳人）」と呼ばれる踊り手が、武者絵をモチーフにした大灯篭である「ねぶた」のまわりで飛び跳ね乱舞する。
8月5日～7日	**山形花笠まつり**《やまがたはながさまつり》	山形県山形市	紅花の造花があしらわれた花笠を手に、「花笠音頭」に合わせてのべ1万人以上が踊る市民祭り。
8月9日～12日	**よさこい祭り**《よさこいまつり》	高知県高知市	「よさこい鳴子踊り」のフレーズを用いた楽曲に合わせて、鳴子を手にした踊り子たちが競演し、技を競う。
8月12日～15日	**阿波おどり**《あわおどり》	徳島県徳島市	全国各地で開催される「阿波おどり」の元祖。のべ10万人の踊り子が、盆踊りの一種である阿波おどりを披露する。

開催日	祭名	開催地	概要・見所
8月13日～15日	**鳥取しゃんしゃん祭** とっとりしゃんしゃんまつり	鳥取県鳥取市	竹と色とりどりの和紙や短冊、鈴で作られた「しゃんしゃん傘」を持った4千人の踊り子がパレードを行う。
8月15日 （を中心とする数日間）	**深川八幡祭り** ふかがわはちまんまつり	東京都江東区（富岡八幡宮）	3年に1度の本祭りで渡御する本社神輿は重さ4t。ダイヤモンドやルビー、純金などが装飾に用いられている。
8月16日～18日	**西馬音内盆踊り** にしもないぼんおどり	秋田県雄勝郡羽後町	先祖の霊を送るため、夕暮れから夜中まで輪踊りを行う。しなやかな手振りと足運びが特徴で、「亡者踊り」とも呼ばれる。
9月1日～3日 （前夜祭8月20日～30日）	**おわら風の盆** おわらかぜのぼん	富山県富山市	300年以上昔から伝わる「おわら踊り」が八尾町の各地域で披露される。胡弓の調べと優雅な踊りが特徴。
旧暦7月の盆明け 最初の金・土・日	**沖縄全島エイサーまつり** おきなわぜんとうえいさーまつり	沖縄県沖縄市	沖縄各地に伝わる伝統舞踊「エイサー」を地域ごとに披露する演舞会とともに、市内のあちこちで流し踊りが行われる。
9月 （敬老の日直前の土・日）	**岸和田だんじり祭** きしわだだんじりまつり	大阪府岸和田市 （岸城神社・岸和田天満宮・弥栄神社）	町ごとに「だんじり」を曳き回し、全力疾走する様子は豪快そのもの。初日の夜にはだんじりにちょうちんをつけて練り歩く。
10月9日～10日	**八幡祭** はちまんまつり	岐阜県高山市（桜山八幡宮）	きらびやかな屋台が練り歩く「高山祭」の秋季恒例祭。11基の屋台が曳き揃えられ、「布袋台（ほていたい）」はからくり奉納を行う。
10月9日～11日	**金刀比羅宮例大祭** ことひらぐうれいたいさい	香川県仲多度郡琴平町（金刀比羅宮）	金刀比羅宮の祭礼の中でもっとも重要とされるお祭り。2日目の夜にはお神輿が渡御し、数万人の見物客が見守る。
10月14日～15日	**灘のけんか祭り** なだのけんかまつり	兵庫県姫路市（松原八幡神社）	男たちがもみ合いながら3基のお神輿をぶつけ合う。お神輿は船を象徴し、それぞれ「一の丸」「二の丸」「三の丸」と呼ばれる。
11月2日～3日	**おはら祭** おはらまつり	鹿児島県鹿児島市	鹿児島民謡「おはら節」に合わせて2万人が踊る、一大市民祭り。女性がたたき手となる「おごじょ太鼓」も見所。
11月2日～4日	**唐津くんち** からつくんち	佐賀県唐津市（唐津神社）	14基の色鮮やかな曳山を曳き回す勇ましいお祭り。巨大な獅子や兜、シャチホコなどユニークな姿をした曳山も特徴。
11月第4土	**裸坊祭** はだかぼうまつり	山口県防府市（防府八幡宮）	白装束に身を包んだ「裸坊」たち数千人が、3基のお神輿を担ぎお旅所までお供する。
12月1日～6日	**秩父夜祭** ちちぶよまつり	埼玉県秩父市（秩父神社）	日本三大曳山祭りのひとつ。12日3日には4基の屋台と2基の笠鉾がお目見えし、7千発の花火が夜空を彩る。

【参考文献】

『神社検定公式テキスト６　日本の祭り』神社本庁監修（扶桑社）2014
『神社検定公式テキスト１　神社のいろは』神社本庁監修（扶桑社）2012
『神道事典』國學院大學日本文化研究所編（弘文堂）1999
『日本の祭り　知れば知るほど』菅田正昭（実業之日本社）2007
『晋遊舎ムック　日本の祭りがまるごとわかる本』芳賀日向監修（晋遊舎）2013
『ゼロから始める神社と祭り入門』三橋健監修（KADOKAWA）2014
『週刊朝日百科　日本の祭り』（朝日新聞社）2004

上大岡トメ Tome Kamioooka

イラストレーター。ふくもの隊隊長。東京生まれ。現在は山口県在住。趣味は神社さんぽ、バレエ、ヨーガ。お祭りはどれも楽しいけど、「渡御」系は神様の近くに行けるので特に好き。著書は「キッパリ！たった５分間で自分を変える方法」（幻冬舎文庫）、「コチャレ！」（講談社）、「子どもがひきこもりになりかけたら」（KADOKAWA）など多数。
ウェブサイト「トメカミカメト」
http://tomekami.com

ふくもの隊 Fukumono-tai

2005年に縁起物を紹介する書籍、「ふくもの（＝福な物や事）」で隊長・上大岡トメ、副隊長・エビスゆうを中心に結成。その後も「ふく」を探して日本全国を旅する。2016年から「ふくもの文具」、ふくもの隊「ふくもの」LINEスタンプを発売。著書に「ふくもの」（幻冬舎文庫）、「開運！神社さんぽ1、2」（アース・スター エンターテイメント）、「宿坊さんぽ」（KADOKAWA）、「日本のふくもの図鑑」（朝日新聞出版）など。
「ふくもの」公式サイト
http://micro-fish.com/fukumono/

Staff

企画・編集　酒井ゆう（micro fish）
編集補佐　北村佳菜（micro fish）
ライティング　本間美加子
デザイン　平林亜紀（micro fish）

監修　平藤喜久子（國學院大學　教授）

【取材協力】

鈴木宏明（防府天満宮宮司）
観光文化交流センター山形まなび館
南和秀（株式会社猿楽社）
本家大名連（清水理連長、連のみなさん）
岡田尚子　鶴見智佳子　福井純
（敬称略）

【Special Thanks】

河本あゆみ　本田哲也
野中弘仁　村井康彦
藤間松廣　和田陽子
船附洋子
（敬称略）

あなたの町の『お祭り情報』お待ちしております！

ふくもの隊がお邪魔するかもしれません

「ふくもの」サイト
http://micro-fish.com/fukumono/index.html

藝術学舎設立の辞

京都造形芸術大学
東北芸術工科大学
創設者　徳山詳直

2011年に東日本を襲った未曾有の大地震とそれに続く津波は、一瞬にして多くの尊い命を奪い去り、原発事故による核の恐怖は人々を絶望の淵に追いやっている。これからの私たちに課せられた使命は、深い反省による人間の魂の再生ではなかろうか。

我々が長く掲げてきた「藝術立国」とは、良心を復活しこの地上から文明最大の矛盾である核をすべて廃絶しようという理念である。道ばたに咲く一輪の花を美しいと感じる子供たちの心が、平和を実現するにちがいないという希望である。

芸術の運動にこそ人類の未来がかかっている。「戦争と平和」「戦争と芸術」の問題を、愚直にどこまでも訴え続けていこう。これまでもそうであったように、これからもこの道を一筋に進んでいこう。

藝術学舎から出版されていく書籍が、あたかも血液のように広く人々の魂を繋いでいくことを願ってやまない。

祭りさんぽ

2017年5月31日　第1刷発行

著　者　上大岡トメ（かみおおおか　とめ）＋ふくもの隊
発行者　徳山　豊
発　行　京都造形芸術大学 東北芸術工科大学 出版局 藝術学舎
〒107-0061　東京都港区北青山1-7-15
電話 03-5269-0038　FAX 03-5363-4837
発　売　株式会社 幻冬舎
〒151-0051　東京都渋谷区千駄ヶ谷4-9-7
電話 03-5411-6222　FAX 03-5411-6233
印刷・製本　大日本印刷株式会社

ISBN 978-4-344-95322-2

定価はカバーに表示してあります。